こうすれば、学校は変わる！
「忙しいのは当たり前」への挑戦

学校の
働き方改革の
教科書

妹尾昌俊 著

教育研究家、学校業務改善アドバイザー
中央教育審議会 学校における働き方改革特別部会委員

教育開発研究所

目次

第1章　働き方改革、5つの大まちがい・7

- ■働き方改革がうまく進まない典型例・8
- ■「Why 働き方改革」が腹落ちしていないと、すぐ形骸化する・10
- ■長時間労働の言い訳はいくらでもできる・11
- ■「ちょっと会議を見直しました」で満足するな・12
- ■やったふり？・15
- ■残業の「見えない化」・16
- ■働き方改革の大きな副作用・17
- Summary 働き方改革、5つの大まちがい・20

第2章　働き方改革はなんのため？ だれのため？・21

- ■わたしの働き方、そんなに悪いですか!?・22
- 演習問題#1 負担感はありませんから放っておいてください・23
- ■若くて健康でも過労死する事案が多発している・24
- ■イキイキ教師とイヤイヤ教師・26
- ■長時間労働は教師の学びを減らす・27
- ■どんな学校（教育）にしたいか、原点に戻ると見えてくる・29
- ■二兎を追う改革・30
- ■働き方改革はカットばかりではない・31
- ■時間をかけたらよいという発想から抜けよう・33
- ■長時間労働が蔓延しては採用上もマイナス・34
- ■2018年度に最も採用倍率が低かったところは・34
- ■長時間労働は子どものためにならない・35
- Summary 働き方改革はなんのため？ だれのため？・38

第3章　なぜ、これほど忙しいのか ──多忙の内訳を見よ・39

- 演習問題#2 ワークログを取ってみよう・40
- ■『モモ』、灰色の男たちの手口がうまい・40
- ■企業コンサルでも大切にしている地道な方法・41
- ■時間の"家計簿"、多忙の内訳を見よ・43
- ■忙しい先生は、授業準備、採点・添削、行事、部活動などが丁寧・44

■事務や保護者は多忙の真因ではない・44

■ITなどが便利になったのに、なぜ忙しくなったのか・46

■「子どもと向き合う時間の確保のため」は半分まちがい・48

■国も大いに反省するべきだが・48

演習問題#3 意識改革が必要って言うけれど・50

■「時間対効果」を高めよう・50

■なぜ、時間対効果を高めることが大事なのか・52

■長時間労働は個人のせいだけにはできない・54

■主任になると、すごく忙しい・55

■長時間労働と人材育成の危機・56

Summary なぜ、これほど忙しいのか・62

第4章 原則1 法令とガイドラインに沿った 働き方に変える・63

■特効薬などない・64

■働き方改革に必須な5つの原則・65

演習問題#4 桐島先生、部活顧問やめたいってよ・65

■まずは法令を知る、守る・68

■勤務時間外で緊急性の低いことを強要するのは違法・69

■部活動の設置も指導もマストではない・70

■やむを得ず時間外に業務が必要な場合は、割り振りを行う・73

■休憩、休日をとれないのは労働基準法違反・74

■出勤簿にハンコだけ、昭和な学校も労安法違反・76

■Why タイムカード？・77

■労働安全衛生体制を整えて、チームとしてフォローする・80

Summary 原則1 法令とガイドラインに沿った働き方に変える・82

第5章 原則2 時間に価値を置いた働き方を 評価する・83

演習問題#5 どんな教師がいい先生？・84

■世の中の多くはトレードオフ・85

■機会費用はとても役立つ考え方・86

■教師にとっても、児童生徒にとっても、時間は有限のリソース・87

■ラスボスはだれ？・88

■あれもこれもやりたいという人には"温泉理論"・90

- ■教師の本業は何か・*91*
- ■刃を研ぐ・*92*
- ■部活動はハマりやすいから要注意・*93*
- ■部活動はアクティブラーニングや生徒の主体性を引き出す場・*94*
- ■"メシ・風呂・寝る"だけの生活では、豊かなアイデアは生まれない・*95*
- ■長く残っている人、時間をかけていることが評価されていないか・*96*
- ■時間対効果をうまく評価できるのか・*98*
- ■管理職には部下からのフィードバックも不可欠・*100*
- Summary 原則2 時間に価値を置いた働き方を評価する・*102*

第6章 原則3 「先生がやって当たり前」を仕分ける・*103*

- 演習問題＃6 これって先生がやることですか!?・*104*
- ■今の役割分担ややり方がベストとは限らない・*105*
- ■登下校中の安全は学校の責任ではない・*107*
- ■清掃は強制ボランティア？・*107*
- ■学校からは切り離してよいこと・*109*
- ■"夜回り先生"は教師である必要はない・*110*
- ■給食費などのお金の扱いは、最低限にするべき・*112*
- ■地域との連絡調整もコーディネーターが活躍・*115*
- ■教員免許状が要らないものは、教師がやらなくてもよい・*119*
- ■安全配慮義務上、教師以外で大丈夫なのか・*120*
- ■死角は、休み時間や運動部活動、体育祭の中にある・*120*
- ■予見可能性という視点・*122*
- ■大部分が教師の業務だとしても、負担軽減の道はある・*126*
- ■「先生がやって当たり前」を見直すとき・*128*
- ■サポート・スタッフらにお願いする前にやるべきこと・*129*
- ■宿題の出し方や採点ももっと時間対効果を高められる・*130*
- 演習問題＃7 でも、やっぱり教師が自分でやったほうがよくないですか？・*132*
- ■丸付け、コメント書きは最後のとりで？・*133*
- ■自前主義で本当にいいのか、疑え・*134*
- ■業務改善の基本は、棚卸し⇒可視化⇒分析⇒実行（試行）⇒改善・*136*
- ■意欲がないのに形式的に続けられる業務はとっとやめよ・*137*
- ■あなたの半径3ｍから・*139*
- ■それってなんのため？・*140*
- Summary 原則3 「先生がやって当たり前」を仕分ける・*143*

第7章 原則4 チームワークを高め、分業と協業を同時に進める・145

演習問題#8 問題はマネジメントだよ、マネジメント・146

■マジックワードで煙に巻かれるな・147

■なぜ、組織マネジメントか・148

■組織マネジメントで大事な4つのこと・151

■竜巻に対抗するには、ぶれない軸が必要・151

■対症療法や抑え込みに走るな・154

■昭和なままの校務分掌？・155

■教師の"管理嫌い"に向き合う・156

■特定の人に仕事が偏る問題・157

■副校長・教頭の業務も仕分けて、分業と協業を・159

■学校事務職員の仕事も減らす・160

■本当に学校の同僚性は高いのか・163

■学校事務職員の得意なことを業務改善に活かせ・165

■弱さを見せられるチームか・166

Summary 原則4 チームワークを高め、分業と協業を同時に進める・168

第8章 原則5 勤務時間内でしっかり授業準備できる環境をつくる・169

演習問題#9 世界一のマルチタスク、ノンストップ労働？・170

■まずは業務改善で仕事の総量を減らしていく・172

■保護者等の理解を得るには、まずは知ってもらうこと・172

■朝の登校時間は適切か・175

■留守電は最も喜ばれる施策のひとつ・177

■学校に見守りの大人をもっと入れる・178

■改革、改善を阻むのは保護者か？・179

■そもそも勤務時間内に収まらない仕事量・180

■小学校教員の持ちコマ数を減らすことは優先課題・182

■給特法：法律上もビルド＆ビルドになりやすい・184

■残業代を払って時間外抑制となるのか・186

■給特法も年間変形労働も本丸ではない・190

Summary 原則5 勤務時間内でしっかり授業準備できる環境をつくる・193

おわりに・194

第1章

働き方改革、
５つの大まちがい

■働き方改革がうまく進まない典型例

　本書は、たいへん深刻さを増している、**日本の学校の長時間労働の問題について、どうしていくべきか、最新の国の議論や学校の実像、ならびに実践動向を踏まえて解説する**ものです。

　当初のタイトル案は『学校の働き方改革の教科書』としていました。これから働き方の見直しを進めようという方、あるいはすでにいくつかのアクション（行動）はとっているけれど、どうもイマイチだという方、悩みや"壁"にぶち当たっている方々にとって、**"教科書"のように頻繁に参照される、頼れる一冊にしたいという**思いから書きました。

　メインは、公立のみならず国立・私立を含め、小学校、中学校、高校、特別支援学校等の教職員向けです。また、「我が子を通わせている学校が心配」「先生たちがとても忙しいとよく聞くけれど、大丈夫なの？」と感じている保護者や学校を支援・応援したいという方にも参考になるようにしています。ぼく自身が４人の子育て中でもありますし（今年は小学校のPTA会長もしています）、時には保護者、時には外部専門家の立場から（文部科学省委嘱・学校業務改善アドバイザー）、地元と全国各地の学校を応援しています。

　さて、最初に、学校の**働き方改革がうまくいかない典型例、まちがいから見ておいたほうがわかりやすい**と思います。

　"失敗"と言うと言い過ぎかもしれませんが、うまくいかないことや反省点から学ぶということはとても大切ですよね。

　ぼくはここ３、４年ほど、全国各地でほぼ毎日のように、働き方改革や学校改善、マネジメントをテーマに研修や講演をしてきました。教育関係の方と飲みに行っている回数は、おそらく中央教育審議会（中教審、文科省の審議会）委員の中では最も多いのではない

第1章　働き方改革、5つの大まちがい

かな、と推測します。出張や飲み会が多いと家族満足度は下がりますから、休日やデートの時間も取っています[*1]。

本書では、教育関係の多くの方から実際に聞いた話、それから書籍、SNSなどを通じて吸収したことをふんだんに盛り込んでいます。

ここで紹介する、次の5つのマズイ例、大まちがいも実例です。あなたの学校は、どれかに当てはまりますか？

✕ 大まちがい①
校長の認識としては「上から言われているし、ともかくやるべきだ」という程度にとどまる。やっていることは「早く帰ろう」という呼びかけくらい。

✕ 大まちがい②
「子どものため」ならば多少遅くなっても仕方がないと、安易に例外を認める。

✕ 大まちがい③
多忙の要因、内訳を見ないまま、できる範囲のことを闇雲に進める。また、教職員の中や保護者等との間でコンフリクト（対立）が起きそうなことには踏み込もうとしない。

---

*1　ぼくの時間術がどこまで参考になるかはわかりませんが、休日や遊び、趣味の予定も、仕事の予定を入れているスケジューラーに書いておきます。こうすることで、「週末は旅行に行くから今のうちにこの仕事は片付けておこう」などと考え、集中力が高まります。それから、平日週1日は妻の"フリーデイ"としていて、妻が家事、育児から解放される日（どこでも気兼ねなく遊びに行ける日）を入れています。ぼくは出張先で地元の美味しいものをいただける機会が多いので、今のところ夫のフリーデイは設けられておりません（苦笑）。

9

✕ **大まちがい④**
　残業時間といった結果だけを追い求めるあまり、虚偽申告や持ち帰り仕事の増加などが起こり、かえって「残業の見えない化」が加速する。

✕ **大まちがい⑤**
　一般の教職員の多忙は緩和されつつあるが、副校長・教頭や学年主任らが仕事を巻き取っており、一部の人の多忙がさらに悪化している。

■ **「Why 働き方改革」が腹落ちしていないと、すぐ形骸化する**

　「大まちがい①　校長の認識としては『上から言われているし、ともかくやるべきだ』という程度にとどまる。やっていることは『早く帰ろう』という呼びかけくらい」は、企業でもよく見られる話です[*2]。気持ちはわからないでもないですが、どうですかねぇ。

＊2　たとえば、白河桃子『御社の働き方改革、ここが間違ってます！』PHP研究所（2017）。

早く帰れコールばかりでは、なかなか教職員のやる気は上がらない
と思いますし、むしろ嫌気がさし、「やれやれ」という空気が漂う
のではないでしょうか。

　文科省は、教師の**時間外勤務は「多くても月45時間、年間360
時間までね」というガイドラインを最近つくりました**（「公立学校
の教師の勤務時間の上限に関するガイドライン」2019年1月25
日）。また、国は、教育委員会や学校に向けて、しっかり働き方改
革や業務改善を進めてくださいという通知もたびたび出しています
（「学校における働き方改革に関する取組の徹底について」2019年
3月18日など）。国立・私立学校については、このガイドライン
の対象外ではありますが、ここ1、2年ほどでしょうか、労働基準
監督署が入り、是正指導される事例も多数報告されています。

　こうしたなか、教育委員会や学校法人の理事会など、運営サイド
からは、校長や教職員に対して、「働き方改革を進めよ、残業は減
らせ」という指令が全国各地で飛んでいるわけです。

　しかし、学校現場から見ればどうでしょうか。働き方改革の必要
性やビジョン、それからアクション（行動）についての教職員の理
解、納得感は高いと言えるでしょうか。腹落ちしていないで、言い
換えれば、なんで働き方改革をやっているのかがよくわからないま
ま、「早く帰れ」「残業時間は短くしろ」というかけ声が飛びかうだ
けでは、**全然楽しくありませんね。**やる気も起きません。

　これでは、働き方改革や業務改善などと言っても、**早晩、形骸化
や骨抜きが進む**でしょう（大まちがい④、⑤なども関連します）。

■長時間労働の言い訳はいくらでもできる

　「大まちがい② 『子どものため』ならば多少遅くなっても仕方が
ないと、安易に例外を認める」も「学校あるある」ではないでしょ

うか。部活動で大事な大会があるとか、夏休みの宿題にしっかりコメントしてあげたい、ということで、ついつい長時間労働になりがちです。それを教師個人としても、また学校としても「まあ、仕方がないよね」と、長時間労働を安易に認めてしまうわけです。すると、なしくずし的に残業が職場で広がり、常態化してしまうケースも多々あります。

　多くの教師は、仕事がすごく非効率だったり、わざと遅くまで残っていたりするわけではありません。学校のやっていることや個々人の仕事ぶりには改善できる余地もありますが、仕事量が多いため、また、子どもたちのことを思って、早朝から夜遅くまで頑張っています。

　しかし、だからといって、長時間労働の現状を安易に是としていては前に進みません。それに、学校というところは、**「児童生徒のため」ということなら、際限なく仕事が増えていってしまいます。**言い換えれば、長時間労働の言い訳はいくらでもできてしまうのです。

　大まちがい①と②には、要因、根っこに共通点があります。それは、**なぜ働き方改革が必要なのか、今の長時間労働のままだと何がマズイのかについての理解が不十分**だということです。これについては第2章で解説します。

■「ちょっと会議を見直しました」で満足するな

　「大まちがい③　多忙の要因、内訳を見ないまま、できる範囲のことを闇雲に進める。教職員の中や保護者等との間でコンフリクト（対立）が起きそうなことには踏み込もうとしない」についても、当てはまる学校は多いのではないでしょうか。

　働き方改革や業務改善と言うと、多くの校長等から聞く話はこんなことです。

第1章 働き方改革、5つの大まちがい

➤会議を減らしました。あるいは、長々と資料説明をするのを短縮
　しています。
➤印刷やデータ入力の一部をスクール・サポート・スタッフ（アシ
　スタント）さんにやっていただくようになり、助かっています。
➤重要度と緊急度で仕事を仕分ける、タイムマネジメント研修をし
　ています。

　ん〜、こういうのも必要だとは思います。でも、本当にこれらで
十分でしょうか。
　ぼくが講演のときにたまに出すのが次のスライドです。

20 時には帰ろうと呼びかけてます！
長々した会議を多少改善しました！

⇒それで満足する校長でいいのか？

　物事は、原因と結果の2つに分けることができますよね。教師の
多くが過労死ラインを超えるほどの長時間労働であるとか、実際に
過労死や病休の人を出すほどひどい状態であることは重大な結果の
一部です（詳しくは本書の姉妹本でもある拙著『「先生が忙しすぎ
る」をあきらめない』などを参照してください）。
　この結果を変えたい、改善したいというのであれば、原因、要因
にしっかりミートした対策が必要であることは、言うまでもありま
せん。

13

ところが、現状の分析、診断ができていないまま、突っ走っている学校も少なくありません。先ほどの会議を見直しました系の話がまさにそうです。もちろん、会議に費やす時間を工夫することは大切ですが、多忙の大きな要因は会議だけではありませんし、**会議のちょっとした改善程度で過労死ライン超えを解消できるほど、甘くはありません。**

　サポート・スタッフに印刷や事務作業の一部を手伝ってもらうのも、たいへん人気のある（教職員に感謝されることが多い）施策のひとつで、ぜひ多くの学校で進めてほしいとは思っています。が、四六時中、印刷やデータ入力ばかりやっている教師はいません。つまり、長時間労働の要因は別のところにあるのです。

　関連することを第3章で解説します。多忙の内訳を見ることで、どこにメスを入れるべきかを特定しなければなりません。たとえば、医者が患者のどこが本当に悪いのか、大して確かめもせず手術を始めたら、とんでもない話ですよね？

　過労死ライン超えを解消し、ガイドラインにあるように時間外勤務を月45時間、年間360時間以内にしていくためには、今の多くの学校や教育委員会等の取り組みは十分ではありません。

　そうした診断をすると、教職員の中や保護者等との間で反対が多く出そうなことや、コンフリクト（対立）が起きそうなことにもメスを入れていく必要が出てくる学校が増えると思います。

　具体的には、部活動の休養日の設定だけではなく、部活動の数そのものを精選していくこと、また行事の過度とも言える準備を変えていくこと、採点・添削、通知表の所見などを簡素にしていくことなどです。これらには保護者や地域の方の一部も反対するでしょうし、何より、当の教職員の一部が反発します。賛否はあっても、対話と議論を続け、見直すべきことは進めていくことが必要です。

第1章　働き方改革、5つの大まちがい

■やったふり？

　安易に一般化するのはいけませんが、みなさんの勤務する学校（あるいはよく知る学校）はいかがですか。**学校というところは、"やったふりをすること"に長けていませんか？**

　たとえば、「教科等横断的な視点からカリキュラム・マネジメント（カリマネ）に力を入れましょう」と校長が呼びかけたとしましょう。職員室でこれに反対する教職員はほとんどいないと思います。新しい学習指導要領でも必要だとされていることですし。

　ですが、カリマネの捉え方や意味について、教職員の間でかなりギャップがあるというケースがままあります。ある先生は、「それは管理職が考えることであって、いち教師が企画するものではない」と他人事の様子。別のある先生は、「教育課程についての計画や届けを、昨年のものから少し修正して出したらそれでよい」というくらいで捉えている。別の先生は担当する国語の古典の授業で、社会科の先生と連携することを考えている、などなど。

　もちろん、教師という仕事では、一人ひとりの裁量や自由度が大きいことも大事です。どのような授業を展開するか、個々の子どもたちを見ながら、創造的に進めていく仕事ですから。

　しかし、あまりにも基本的な認識、言い換えれば、何かの活動についての趣旨の合意、あるいはその活動の先に目指す目標、ビジョンについての認識がバラバラでは、その活動の推進力はすごく落ちます。サッカーでたとえるなら、別々のゴールを目指してボールを蹴り始めるようなもの、ボートやカヌーで言うと、別々の方向を目指してオールを漕ぎ出すようなものですから[3]。

＊3　詳しくは拙著『変わる学校、変わらない学校』『思いのない学校、思いだけの学校、思いを実現する学校』（学事出版）などをご覧ください。

これでは、場当たり的に形だけを整える人も出てきて、「**仮マネ（仮そめのマネジメント）**」になってしまいます。

■残業の「見えない化」

　さて、先ほどはカリマネを例にあげましたが、働き方改革に関連しても、やったふりをする現象が起きていないでしょうか。

　典型的には、残業時間をごまかすことです。「**大まちがい④　残業時間といった結果だけを追い求めるあまり、虚偽申告や持ち帰り仕事の増加などが起こり、かえって『残業の見えない化』が加速する**」、この問題です。

　国のガイドラインができたり、私立や国立には労基署が入ってくるようになったりして、残業時間を減らせというプレッシャーは昨今高まるばかりです[4]。

　月80時間などの一定の基準を超えると、教育委員会や理事会等から校長は"指導"を受ける、怒られる、また教職員にとっても産業医との面談が求められて面倒くさいといった事情もあって、時間外の過少申告が横行するという学校も少なくないようです。この手のことが表に出るのは氷山の一角でしょうが、2018年6月には、福井市立中学校で教頭がある教員の出退勤記録（時間外勤務が100時間超）を無断で改ざんした上に、教師に過少申告するよう促していたことが発覚しました[5]。

　改ざんはさすがに稀かもしれませんが、自ら過少申告するという

＊4　私立学校や国立大学の附属学校等は、労基署の管轄になります。労基署による立ち入りや是正勧告（その可能性も含めて）は、働き方改革を進めるプレッシャーとして相当働いています。対照的に、公立学校は時間外労働の多さがたいへん深刻であるにもかかわらず、地方自治制度のもとで労基署の管轄外です。この問題も国（総務省ならびに文科省）で検討していくべきだとぼくは提案しています。
＊5　「福井市立小で教頭が教員の勤務時間改ざん　100時間超えの残業を過少申告」Yahoo!ニュース（2018年6月18日）

のはよく聞く話です。タイムカードやICカードなどの客観性のある出退勤管理を国も求めていますが、ピッとしたあと、いくらでも残業できますから、注意が必要です。ぼくが訪問したいくつかの国立と私立の学校では、時間外勤務を申告せず、サービス残業が“普通”になっているところもありました。

　また、「退勤時間は早くなったが、結局自宅等への持ち帰り仕事が増えただけ」ということも多々起こります。

　過少申告やシャドーワーク（隠れた残業）が起こると、見かけ上は残業時間が減っていますから、教育委員会や理事会等は安心してしまいます。

　こんな詐称“働き方改革”なら、やらないほうがマシです。**問題を見えなくしている（「残業の見えない化」が進む）**だけなのですから。

■働き方改革の大きな副作用

　「大まちがい⑤　一般の教職員の多忙は緩和されつつあるが、副校長・教頭や学年主任らが仕事を巻き取っており、一部の人の多忙がさらに悪化している」については、どうでしょうか。

　企業のデータ分析結果が、中原淳ら『残業学』（光文社、2018）で紹介されています。そこでは、部下の残業が増えると管理職の評価が下がるので、部下に仕事を振れない、そして中間管理職（課長ら）が仕事を巻き取るという現象が多発していることが明らかになっています。

　読者のみなさんもご存じのとおり、学校では、副校長・教頭職は最も多忙です。国の教員勤務実態調査や教育委員会が実施した各種調査でも明らかです。「誰の仕事かわからないものは教頭に来る」と複数の方から聞いたことがありますが、現状でも教頭らは相当の業務を抱えています。

また、教務主任や学年主任といった主幹・主任層も多くの仕事（校務分掌という学校内の業務）やトラブル対応などを抱えており、多忙です。

「時間外勤務は月45時間、年間360時間まで」などという動きになれば、副校長・教頭や主幹・主任らは、今以上に部下、同僚に仕事を振りづらくなることが容易に予想できます。

働き方改革や業務改善が進むことで、仮に一般の教職員の残業が減った、働きやすい職場になったとしても、**教頭、主任ら一部の人にしわ寄せが来るようでは、ハッピーな結果とは言えません**よね。

働き方改革には功罪があります。副作用が大きくなることも心配です。今のうちから、そこをきちんと想定したうえで、対策をとる必要があります。

本書では、**以上の5つの大まちがいをどうしたら防ぐことができるのかを含めて、学校における働き方改革を「ほんとに、やってよかったね」と思えるものにする**ための考え方と方策を解説、提案します。

ぼくも審議に深く関わった中教審でも、方針（答申と言います）が2019年1月25日に出ました。正式名称はとても長くて……、「新しい時代の教育に向けた持続可能な学校指導・運営体制の構築のための学校における働き方改革に関する総合的な方策について（答申）」です。

この内容を踏まえつつ、より深く考えて、具体的なアクション（行動）に移していけるよう、演習問題（問いかけ）なども用意しています。

＊6　中教審答申よりも踏み込んだ内容については、もちろん妹尾個人の見解であり、文科省や中教審を代表するものではありません。

第１章　働き方改革、５つの大まちがい

とはいえ、本書の内容は、中教審答申より踏み込んだことも多く含んでいますので＊６、よその本、教育雑誌でありがちな、答申を引用して、軽く表面をさらっている系とは、ちがいます！

なお、より正確には、学校単位では働き方の“改革”と言うよりは“改善”、“見直し”と言うべきかもしれませんが、通例にそって“働き方改革”と呼んでおきます。

「忙しいのは当たり前」という日々が大きく変わり、先生たちに心のゆとりと幅広い視野が生まれ、学校がより創造的な学びの場になることに、本書が少しでも役立てば、嬉しいです。

それでは、次章では「Why 働き方改革？」という一番大事なところから始めていきましょう。

■Summary　働き方改革、5つの大まちがい
◎学校の働き方改革は簡単ではない。うまくいかない典型例、まちがいを想定して対策を練る必要がある。

◎本書では5つの大きなまちがいを紹介した。
　①早く帰ろうという呼びかけくらい
　②安易に例外を認める
　③多忙の内訳を見ず、コンフリクトを避けようとする
　④残業の見えない化が起こる
　⑤一部の人がさらに多忙になる

第2章

働き方改革はなんのため？
だれのため？

■わたしの働き方、そんなに悪いですか !?

最初から直球勝負でいきます。

「学校の働き方改革をめぐって、最も大事な問いは何でしょうか」と聞かれたら、ぼくは迷わずこう答えます。

「なぜ、働き方改革を進めるのか」、言い換えれば、**「長時間労働の日々では何がマズイのか」**。

これがすとんと腹落ちしていないと、改革・改善なんて面倒くさいこと、誰もやろうとしませんよね。

あなたの職場はどうでしょうか。職員室で、あるいは校内研修などの場で、この問いについてしっかり対話したことはあるでしょうか。また、「学校の働き方改革には、保護者や地域の理解、協力が不可欠だ」などと言いながら、**「Why 働き方改革」という目的について、校内外で共有する努力をしているでしょうか。**

「学校は"ブラック"だ」とよく言われるようになりました[7]。新聞や雑誌でもよく見かけますし[8]、中央教育審議会（中教審）の学校の働き方改革に関する答申でも「教師の長時間にわたる献身的な取組の結果によるものであるならば、持続可能であるとは言え

---

[7]　たとえば、教職員の働き方改革推進プロジェクト『学校をブラックから解放する――教員の長時間労働の解消とワーク・ライフ・バランスの実現』学事出版（2018年）、前屋毅『ブラック化する学校』青春出版社（2017）、内田良・斉藤ひでみ編『教師のブラック残業〜「定額働かせ放題」を強いる給特法とは？！』学陽書房（2018）など。

[8]　ビジネス誌の週刊東洋経済 2017 年 9/16 号は、「学校が壊れる　学校は完全なブラック職場だ」という特集を組みました。また、『教職課程』2017 年 11 月号（協同出版）も「教職はブラックか　教員志望者の未来を真剣に考える」という特集でした。『教職課程』は、教員採用試験志望者向けの専門誌です。ヘタをすると読者を減らしかねない特集を組むほど、危機感が高いということでしょう。

[9]　ブラックは悪、ホワイトは善という表現は、人種差別につながりかねない危険性もあります。ぼくもこれまで安易に使っていましたが、このことを聞いて反省しました。

ない。『ブラック学校』といった印象的な言葉が独り歩きする中で、意欲と能力のある人材が教師を志さなくなり」という言及が最初の5ページ目にあるほどです。

"ブラック"とはどういう意味で言っているのか、そういう表現が適切だろうかという検討は必要ですが[*9]、学校の長時間労働がとても深刻なことはまぎれもない事実です。

ですが、世の中でブラックバイトとか、ブラック企業として批判されているところとの大きなちがいとして、学校では、遅くまで残業をしている当の教職員の中に、「子どもたちのために一生懸命やっているのに何が悪いと言うのか」「わたしの働き方、そんなに悪いですか」「頑張っているのに、ブラックなどと言われるのは心外だ」と感じる人も相当数います。

つまり、**「長時間労働の日々では何がマズイのか」についての認識、納得感がない**のです。

具体的にはどういうことでしょうか。次の演習問題をもとに考えてみましょう。

■演習問題＃1　負担感はありませんから放っておいてください
　あなたの職場でいつも21時過ぎまで残っている佐藤先生。教職25年目のベテラン、40代男性です。彼はこう言っています。
　「宿題などの提出物へのコメント書きや学級通信、行事の準備、部活動指導など、すべて子どもたちのことを思ってやっていることです。負担感、多忙感はありません。わたしのことは心配ありませんから、放っておいてください」。

【問】あなたが佐藤先生の学校の校長だったとしたら、どうしますか？

ここで本書を一度閉じて、あなたならどう答えるか、考えをメモしてみてください。

　「放っておいて」と言われていますからね、「何も言わない、何もしない」という選択肢もなくはありません（笑）。ですが、本当にそれでいいのでしょうか。
　このワークは、ぼくの講演・研修ではしょっちゅうやります。あるときは「学校の電気代がもったいないから、そろそろお帰りください」と言う、という珍回答もありました。
　もちろん 10 人いれば、10 通りの答えがあってよいですし、現実には、佐藤先生の性格やこだわっているところをもう少し聞き出さないといけません。とはいえ、いくつかこれはおさえておきたい、というポイントがあります。

■若くて健康でも過労死する事案が多発している

　1 つ目のポイントは、「大丈夫だと言ったって、あなたの健康が心配ですよ」ということです。多くの人が思いついたのではないでしょうか。
　ですが、次の事実を知っておくと、事態がもっと深刻であることを、佐藤先生にもみなさんの周りにも、よく理解していただけると思います。

　2016 年夏のこと。富山県の公立中学校に勤務していた 40 代教諭がくも膜下出血で亡くなりました。2018 年には過労死と認定されました。発症直前 2 ヵ月の時間外勤務は各月 120 時間前後で、関係者の算定ではうち部活動指導が約 7 割に達していました。教諭は運動部の顧問で、土日もほとんど練習か練習試合があり、発症直前 2 ヵ月の土日の休みは計 2 日しかありませんでした。

24

第 2 章　働き方改革はなんのため？　だれのため？

　大分県の公立中学校の女性教諭（46 歳）も、2014 年 7 月、授業中に「頭が痛い」と訴えて倒れ、その後 9 月に亡くなりました。2017 年に過労死と認定されました。この教諭は全学年の国語と書写の授業を受け持ち、ほかに学力向上支援教員、学年主任、「地域協育」担当、バレーボール部顧問なども務めていました。

　このように一人何役もしていることは学校では珍しいことではありませんが、たいへんな仕事量であったと推測できます。この先生は、地元の小学校でも国語を教え、放課後や休日は部活動指導、会議の出張などに追われていました。倒れる前の 3 ヵ月間の残業は月 110 時間以上でした。

　演習問題での佐藤先生と同じくらいの年齢の先生が次々と倒れているのです。

　これらはほんの一例に過ぎません。保健体育の先生も倒れていますし、20 代の教師の過労死や過労自殺もあとを絶ちません[10]。自分は大丈夫だと思っていても、決して油断できません。

　中教審答申でも、次の一節があります（p. 8、強調は引用者、以下同じ）。

　　子供のためと必死になって文字通り昼夜、休日を問わず教育活動に従事していた志ある教師が、（中略）過労死等に至ってしまう事態は、本人はもとより、その遺族又は家族にとって計り知れない苦痛であるとともに、児童生徒や学校にとっても大きな損失

＊10　詳しくは拙著『「先生が忙しすぎる」をあきらめない』（教育開発研究所、2017）もご参照ください。また、前掲＊7『学校をブラックから解放する』（2018）では、2007 年に中学校教師のご主人を過労死で亡くされた工藤祥子さんによる報告があり、たいへん身につまされる実話がおさめられています。ぜひ多くの方にお読みいただきたいです。

25

である。（中略）

　志ある教師の過労死等の事態は決してあってはならないものであり、我々は、学校における働き方改革を実現し、根絶を目指して以下に述べる必要な対策を総合的に実施していく必要がある。

■イキイキ教師とイヤイヤ教師

　さて、先ほどの佐藤先生のように、学校ではイキイキと長時間労働になっている人も多いのではないかと思います。もちろん、多忙の原因が理不尽なクレームだったり、教育委員会等からくる大量の文書業務だったりすると、誰しもイキイキとはならないでしょうが……。

　あなた（あるいはあなたのよく知る人）が遅くまで残業していることが多いとしましょう。イキイキやっているとき（人）と、イヤイヤやっているとき（人）の2パターンがありますよね。

　イヤイヤ教師のときはどうでしょうか。ストレスは高まります。ちなみに、文科省が2016年に実施した教員勤務実態調査によると、小・中学校で抑うつ傾向などを示すストレス値が高い傾向にあるのは次のとおりです（「教員のストレス状況に関する分析について」）。

・男性よりも女性教諭のほうがストレス値が高い。
・年齢が若いほど、高ストレス。
・勤務時間が長いほどストレスは高まる。ただし、中学校男性教諭についてはその傾向は見られない。
・中学校教諭について、部活動指導に自信のない人のほうが高ストレス。

　どうでしょうか。みなさんの実感に合っていることと、ちょっとちがうかなというところもあるかもしれません。たとえば、若い教師は元気そうに見えても、ストレスを溜めている可能性があります。

データで十分検証されているわけではありませんが、若い先生は、この仕事イヤだなと思っても断りづらいでしょうし、保護者からのクレームや対処しづらい児童生徒の問題行動があるときも、経験が浅いのでうまく受け止める（あるいは受け流す）のが苦手で、ストレスが高くなっている可能性があります。

　このイヤイヤ教師の場合は、ストレスが高いので、メンタルを病みやすいということが考えられます。公立学校の教育職員に占める精神疾患による病気休職者数は、ここ数年5,000人前後（全教育職員数の0.5％強）で高止まりしたままです（文部科学省「平成29年度公立学校教職員の人事行政状況調査」）。ご本人はつらいでしょうし、また社会的に見ても、この人材不足の時代に、毎年5,000人も病休を出しているのですから、大きな損失です。

　では、イキイキ教師の場合は問題ないのでしょうか。イヤイヤ教師と比べて、おそらくストレスは高くないでしょう。

　では問題ないか、と言われれば、そうではありません。

　先ほど述べた過労死は、イキイキ教師にも起きやすいからです。なぜそう言えるかというと、子どもたちの成長が実感できる、教師をやっていてよかったと思える仕事での長時間勤務の場合、ますます頑張ろうとしてしまうからです。つまり、**イキイキ教師の場合、自分でストップをかけづらく**、知らず知らず、あるいはごまかしごまかししているうちに、疲労がピーク以上に溜まってしまうという事態が起きかねません。

　つまり、両方のケースとも注意が必要なのです。

■長時間労働は教師の学びを減らす

　さて、佐藤先生の演習問題に戻りましょう。1つ目のポイントは、過労死などの健康被害が心配だということでしたね。

2つ目のポイント。それは、**長時間労働が授業をはじめとする教育に影響する**ということです。

一番わかりやすい例が、睡眠不足の影響です。眠いまま、授業に臨んでも、いい授業になりませんよね？

別の深刻な影響もあります。長時間労働は、自己研鑽を細らせるという影響です[11]。OECD調査、TALIS2013を見ると、「職能開発の日程が自分の仕事のスケジュールと合わない」という質問について、日本では外国と比べて「妨げになる」という回答は総じて多いのですが、日本の中で比較すると、「非常に妨げになる」と回答する割合は、長時間労働のグループほど高く、週60時間以上75時間未満働く人の42.6%、週75時間以上働く人の51.4%がそう回答しています（週30時間以上40時間未満の人では23.3%、週40時間以上60時間の人では34.9%、いずれも対象は中学校教師）。

労働経済学が専門の玄田有史教授（東京大学）は、『働く過剰』（NTT出版、2005）という本の中で、「データから垣間見られる**長時間労働のもたらしている最大の弊害とは、能力開発の機会喪失である**」と指摘しています[12]。これは、一般の企業について分析したものですが、学校においても、多忙化によりゆとりを失う教職員が、能力開発の機会と時間を犠牲にしている可能性が示唆されます。

多忙のせいかどうかの検証はできていませんが、横浜市立小・中学校への調査（N＝521）によると、教師の1ヵ月あたりの読書冊数は、0冊が32.4%、1冊が33.6%、2冊が16.1%です。3冊

＊11　詳細は前掲＊10『「先生が忙しすぎる」をあきらめない』（2017）。
＊12　玄田有史『働く過剰――大人のための若者読本』NTT出版（2005）、p.87。

以上は２割もいません*13。熱心に学び続けているとはとても言えない人が大半なのではないでしょうか。

当たり前ですが、先生だって、いや、**先生だからこそ、日々の勉強は不可欠**です。これは、プリントづくりなどの教材研究をガリガリやるという狭い意味ではありませんよ。映画や演劇を見ても、どこかに出かけても、それが授業のヒントになったり、何かの糧になったりすることはあると思います。読書や人とじっくり話をするというのも、よいインプット（あるいはアウトプット）です。ですが、忙しいと、そういう時間がどんどんなくなってしまいます。

■どんな学校（教育）にしたいか、原点に戻ると見えてくる

もっと心配な根本のことがあります。ちょっと遠回りするようですが、みなさんは、**どんな教育、学びが今の子どもたちに必要だと思いますか。**

別の言い方をします。小学生でも中・高生でも構いません。今の子どもたちのどんな力（資質・能力）を高めて、社会に送り出したいと思いますか。

どんな教育がよい教育か、これを述べるだけで数冊の本になってしまいますし、さまざまな見方、考え方ができると思います。ですが、おおよそ、これは共通で共有したいということもあります。

新しい学習指導要領（小学校は 2020 年度、中学校は 2021 年度、高校は 2022 年度から全面実施）は、インターネットや AI（人工知能）がさらに活用できるようになることをとても意識しています。それで、コンピュータや AI では代替できない力を子どもたちに伸

＊13　辻和洋・町支大祐編著『データから考える教師の働き方入門』毎日新聞出版
（2019）p.80。

ばしておきたい、というのが理念のひとつとなっています。

それは、創造性や深い思考力、問題解決力などです。

しかし、当の教師が日々長時間労働で疲れ果てて、自分たちはたいして勉強（自己研鑽等）もしない、目の前のことに追いまくられて深く物事を考えないという状態だったらどうですか？　**先生たちの創造性や思考力は高まらないでしょう**。その先生から教えられても、子どもたちの力も十分に育たない危険があります[14]。

■二兎を追う改革

一言で申し上げると、働き方改革は、魅力的な授業づくりをはじめとして学校教育をよりよくしていくためにも重要です。中教審答申にもこんな一節があります（p. 7）。

> 教師の長時間勤務の要因についての分析結果を踏まえ、今回の働き方改革の目的のもと、膨大になってしまった学校及び教師の業務の範囲を明確にし、限られた時間の中で、教師の専門性を生かしつつ、授業改善のための時間や児童生徒に接する時間を確保できる勤務環境を整備することが必要である。
>
> このように学校における働き方改革は、教師が疲労や心理的負担を過度に蓄積して心身の健康を損なうことがないようにすることを通じて、**自らの教職としての専門性を高め、より分かりやすい授業を展開するなど教育活動を充実することにより、より短い勤務**でこれまで我が国の義務教育があげてきた高い成果を維持・向上することを目的とするものである。

---

[14]　もちろん、児童生徒が自主学習や学校外の学びによって、学校の教師の力量以上に伸びる可能性はあるでしょう。ですが、学校の授業は年間1,000時間近くもありますし、やはり、授業（行事など特別活動も含めて）で子どもたちを伸ばすことが大事なのは言うまでもありません。

第2章 働き方改革はなんのため？ だれのため？

授業改善をはじめとして教育の質を上げていこうということと、長時間労働を是正していこうということは、二兎を追う改革、あるいは時としてアクセルとブレーキを両方踏んでいるようなものとの見方もできると思います。

　また、読者のみなさんの中にも、よい教育をしようと思えば、時間はかかるじゃないか、と思われる方も多いと思います。

■働き方改革はカットばかりではない

　どう捉えたらよいでしょうか。ぼくは**図表2-1**のように整理しています。横軸は学習指導要領でマストか、そうではないかで分類しています。

図表2-1　働き方改革での時間増減のイメージ

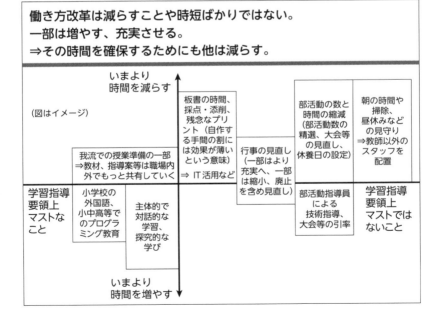

なにも学習指導要領を金科玉条にせよとは思いませんが、重要な
ひとつの拠り所ではあります。学習指導要領上マストではないもの
は、学校ごとの裁量で減らしたり、増やしたりしやすいものだから
です。

　最も典型的な例は部活動です。これは、中学校と高校の学習指導
要領で記述はありますが、教育課程外となっていて、必須とはされ
ていません。当然、何時間はやりましょうといった時数指定もあり
ません。部活動をどのくらいもつのか、またどのくらいの活動量と
するのかなどは、各学校や部活動ごとの裁量です。

　縦軸は、今より時間を減らすものと、増やすものを指しています。
過労死ライン超えが多いのが実情ですから、減らすものを多くリス
トアップして進めないといけません。ですが、なにも**減らす一辺倒
ということでもありません**。新しい学習指導要領で求められる主体
的で対話的な学びや探究的な学びは、今よりももっと時間をかけて
いくべき学校が多いことでしょう。

　これはデータで検証している話ではなく、ぼくの印象論に過ぎま
せんが、学校の教職員の中には、ゼロか100か、○か×かどちら
かしかないと物事を捉える人が少なくないように思います。

　たとえば、先ほどの主体的な学びのようにアクティブラーニング
が大事だと言えば、「じゃあ、講義形式のものはダメだと言うんで
すか」という疑問、反論を言う人がいますが、そういう話ではない
のです。講義が必ずしもダメだと言っているのではなく、そこで児
童生徒がしっかりアタマを働かせるような問いや課題を投げかけて
いますか、といったことを問題としているのですから。

　働き方改革についても、時短や減らすことばかりではなく、「あ
れもこれもやろうというのはムリがありますよね、持続可能とは言
えませんよね」ということを投げかけていて、ものによっては増や
すものもアリです。

第2章　働き方改革はなんのため？　だれのため？

　むしろ、**何かを増やすためには、ほかは大きく見直さないといけません**。

　樹木をイメージしてみてください。幹として太くしないといけないところと、枝葉で切り落としたり整理したりするところとを決めることが必要です。

■時間をかけたらよいという発想から抜けよう

　また、時間をかけることと、質を高めることは必ずしもイコールではありません。スポーツなどの世界でも短時間のトレーニングで成果を上げている例もあります。たとえば、こんな新聞記事も目にしました。

　　短時間の部活動で効率的な練習を心掛け、全国大会でも結果を出す高校が増えている。（中略）全国高校ラグビーフットボール大会に出場する静岡聖光学院（静岡市）もその一つで、練習は週3回、1日約60分と少ないが花園の常連校だ。（中略）同校は文武両道の方針を掲げ、部の練習も火、木、土曜日に限っている。平日は11〜1月が60分、2〜10月は90分、土曜日も最長で120分。（中略）畑監督は「必要とされているのは自ら考えて動く力。生徒たちに社会で必要な力を身につけてもらいたい」と狙いを語る。（中略）風間選手は「短時間練習だからこそ、自ら考えて練習してきた。それでも成果を出せる新たな価値観を示したい」と意気込む。

　　　　　　　　　　　　　　　　　（毎日新聞夕刊2018年12月19日）

　授業でも似たことを実践している教師もいます。授業や行事、部活動などの教育活動の質を上げようということと、長時間労働を改善していこうということは、両立しえないものではありません。

33

■長時間労働が蔓延しては採用上もマイナス

　長時間労働には別のマイナス影響もあります。みなさんの予想どおり、採用に響くという問題です。

　企業等で働き方改革に熱心なところは、ほぼ例外なく、人材獲得上、長時間労働の是正が重要という認識が強くあります。とりわけIT企業では、なるべく多様な働き方を認めていこうという動きがありますが、そうしたほうが優れた人材が来るからです。たとえばサイボウズ株式会社では、副業歓迎ですし（サイボウズのほうを副業にしている人もいます）、ほとんど出社しない人もいるそうです。もちろん、その分、成果はしっかり問われることになるので、決してラクという意味ではありません。

　さまざまな価値観やライフスタイルをもつ人がイキイキと活躍できる組織にするという意味では、学校は相当立ち後れているように思います。公務員の場合、育児休暇が最大3年取れることなどは充実しているのですが、学校での育休明けのハードワークはキツいという話はよく聞きます。

　育児や介護、病気などの制約がない人で、遅くまで残ってでも頑張りたい人には、学校の居心地はよいかもしれませんが、その条件がOKな人だけでは人手不足を埋められません。また、組織に多様性がないところでは、発想やアイデアが偏ってきてしまいがちですから、子どもたちにもよいとは思えません。

■ 2018年度に最も採用倍率が低かったところは

　すでに教職員の人手不足はあちこちで発生しています。産休・育休や病休などが出た場合、講師を探しますが、見つからないということは全国各地で起きています。実際に、松江市のある中学校では英語の講師を確保できず、4月から3年生全員が英語の授業を受け

第2章　働き方改革はなんのため？　だれのため？

られない事態となりました（2018年5月10日NHKニュース）。これに類する話は他でもありますし、授業ができないとまではいかなくても、校長や教頭らがカバーしてなんとかもっているという学校も多くあります。

　さて、2018年度の小学校の教員採用試験は、全国的にも受験者数を減らしています。これと大量退職が重なって、倍率の低下が起きています。最も倍率（総受験者数÷最終合格者数）が低かったのは、新潟県と北海道（いずれも政令市を除く）ですが、なんと、1.2倍でした（教育新聞2018年11月12日）。

　倍率が低くても、よい人が集まれば問題はないのです。むしろ、面接などの手間が減り、採用のコストが節約できたのですから、グッドニュース。ですが、おそらく、そうとは言えないと思います。有能な人材が教師として集まらなくなっている可能性のほうが高いのではないでしょうか。

■長時間労働は子どものためにならない

　少しまとめましょう。実は、ずっとここまで佐藤先生の演習の解説でした。もちろん、ときにはじっくり頑張ったり、突発的な事案で遅い時間まで対応したりすることが必要な場合もあるでしょう。ですが、佐藤先生のように遅くまで仕事をするのが常態化しては、マイナス影響のほうが大きくなりかねません。

　少なくとも次頁の**図表2-2**に示す3つの影響を考える必要があります。

　つまり、ここに逆説的な真実があります。日本の先生の多くは、子どもたちのために一生懸命、長時間労働までして頑張っています。しかし、それは結果的には、この3つの理由から、**子どもたちのためにならない**可能性も高いのです。

35

図表2-2　長時間労働の影響

長時間労働の影響（忙しい毎日を放置しておけない理由）
大きなところでは3点

1. 教師の健康への影響
   - ●教師の過労死が相次いでいる。
   - ●精神疾患者も毎年約5千人。

2. 教育への影響（児童生徒への影響）
   - ●心身が疲弊してよい授業にはならない。
   - ●AI（人工知能）等が便利になる時代、教師がクリエイティブに深く思考する時間がなくては、子供たちの思考力や創造性が高まる教育活動にならない。

3. 人材獲得への影響
   - ●"ブラック"な職場のままでは優秀な人材は来ない。
   - ●すでに人材獲得競争の時代。

　中教審答申でも次の一節があります（p. 7）。この箇所は最も重要です。

　'子供のためであればどんな長時間勤務も良しとする'という働き方は、教師という職の崇高な使命感から生まれるものであるが、その中で教師が疲弊していくのであれば、それは'子供のため'にはならない。教師のこれまでの働き方を見直し、教師が我が国の学校教育の蓄積と向かい合って自らの授業を磨くとともに日々の生活の質や教職人生を豊かにすることで、自らの人間性や創造性を高め、子供たちに対して効果的な教育活動を行うことができるようになることが学校における働き方改革の目的であり、そのことを常に原点としながら改革を進めていく必要がある。

第2章 働き方改革はなんのため？ だれのため？

　なぜ、働き方改革が必要なのか。それは先ほどの**図表2-2**の3つの理由が関係します。1つ目と照らすなら、教師の健康のため、もっと言えば**先生たちの命を守るため**です。

　2つ目と関係付けるなら、よりよい授業、クリエイティブで深く考えられる学びを学校の中でつくっていくためにも、教師にゆとりや幅広い学びが必要であり、そのためにも働き方改革を進めるのです。

　3つ目について言えば、人材獲得戦略の一環としても、当たり前だった忙しい日々を見直し、さまざまな事情や価値観をもつ人にとっても、働き続けやすい魅力的な職場にしていく必要がある、というわけです。

37

■ Summary　働き方改革はなんのため？　だれのため？
◎働き方改革を進めるうえでは、「Why 働き方改革？」、言い換えれば、「長時間労働の日々では何がマズイのか」についての理解と納得感が最重要。

◎イキイキと、自ら望んで残業している人であっても、過労死をはじめとする健康被害が多数報告されている。

◎長時間労働は、教師の学びを減らしてしまう。AI時代に生きる子どもたちの思考力や創造性を育てるうえで、教師のインプットが乏しくなることは、大きな問題である。

◎長時間労働の職場は、人材獲得にも不利な時代になってきている。

◎子どものためであればどんな長時間勤務もよしとする働き方は、子どものためにならない。

第3章

なぜ、これほど忙しいのか
──多忙の内訳を見よ

■演習問題＃2　ワークログを取ってみよう

　どこか1日で構いません。あなたが学校に勤務する教職員なら、1日にどんなことに何分くらい使ったか、記録を取ってみましょう。次の図の左のようなイメージです。これをワークログと言います。

　余力があれば、おおよその業務分類別に集計してみましょう。たとえば、授業準備、採点・添削、部活動指導、行事の準備、その他校務分掌業務、児童生徒との相談などです。

　そのうえで、図の右にあるように、振り返りコメントを書き出しましょう。どこがよかったでしょうか。また、次はもっと段取りよくやりたいなどの反省点はないでしょうか。

図　ワークログを活用した振り返りの例

時間	業務内容
7：30〜8：15	授業準備、教室で生徒と会話
8：15〜8：35	職員会議、朝の学習
8：35〜8：45	欠席連絡のなかった生徒の確認、特別支援を要するAさんのフォロー
8：45〜12：15	授業
12：15〜12：25	給食……早食い
12：25〜12：45	生徒と雑談しながら小テスト丸付け
12：45〜13：00	プリント準備、印刷
……	
16：30〜17：30	部活動指導
17：30〜18：15	行事準備、分掌書類作成
18：15〜19：00	B先生らと雑談しながら文書作成
19：00〜20：00	Cさんの保護者から電話相談
20：00〜20：10	休憩
20：10〜21：00	翌日の授業準備
21：00	疲れた、帰る！

振り返り

✓ 保護者相談に思いのほか時間がかかった。
　⇒次の予定があることを告げておいて、早めに切り上げる。緊急時以外は留守番電話に。
✓ 突発事案は仕方がないが、欠席連絡はメールやアプリでできるといいのに。
　⇒市教委と相談。
✓ 分掌業務が重い。
　⇒引き継ぎが不十分。書類を探すのに一苦労。
✓ 思ったよりも会議が多いわけではない。
✓ 疲れたあとで授業準備になっていて、質が不安……。

■『モモ』、灰色の男たちの手口がうまい

　ところで、ミヒャエル・エンデの『モモ』（大島かおり訳）はご存じでしょうか。お読みになったことのある方は多いかもしれませ

第3章　なぜ、これほど忙しいのか――多忙の内訳を見よ

んが、未読の方やずいぶん昔読んだきりの方はぜひ読んでみてほしい一冊です。

　友人のお子さん（当時小6）が「わたしは、モモは大人が子どもに読ませるのではなく、子どもが大人に読ませる本だと思いました」と感想を言っていたのですが、そのとおりです。大人にとって働き方、そして生き方を見つめなおすヒントがここにはあります。

　この物語は、10歳前後の身寄りのない、ちいさな女の子、モモが、時間どろぼうの灰色の男たちとたたかっていく様子が後半描かれています（実は、前半はやや退屈で、後半のほうがエキサイティングだという感想をもたれる方が多いのではないでしょうか）。

　ぼくが最も率直に感じたことのひとつは、灰色の男たちの手口がうまい、ということです。人間に、「あなたはこれほど時間を浪費している。もっと節約したほうがあなたの人生のためですよ」と灰色の男たちは詰め寄ります。その説得の仕方が実に巧妙で、**何にどのくらいの時間を使ったか、たとえば、睡眠に、仕事に、食事に、母の世話に、インコの世話になどなど、逐一すべてリストアップ、「見える化」**するのです。それも秒単位で。

■企業コンサルでも大切にしている地道な方法

　今回の演習問題は、この灰色の男たちの手口をマネしたものなのですが、実は、長時間労働を解消するコンサルティングを多く手がける小室淑恵さん（株式会社ワーク・ライフバランス代表取締役社長）も、ワークログを付けて、自分の働き方を可視化して振り返ることが基礎基本だと指摘しています[*15]。

＊15　小室淑恵『働き方改革――生産性とモチベーションが上がる事例20社』毎日新聞出版（2018）、小室淑恵「『残業ゼロ』を実現するために、今すぐ始めるべきシンプルな習慣」https://diamond.jp/articles/-/178572

具体的には、始業前にその日の予定を 15 分刻みで書き出してみます。終業前に実績を書きます。両者には当然ギャップがありますから、なぜ予定通りにいかなかったのか、これはこんなに時間をかける必要はあったのか等を分析して、反省点を洗い出します。おおよそはこういう流れです。

　企業へのコンサルティングなどと聞くと、もっと華やかなイメージを持たれる読者もいるかもしれませんが、こうした**地道なこと、地味なことをきちんと積み重ねることに成功の秘訣**があったりするものです。

　『モモ』では、灰色の男たちは、「あなた（人間たち）が時間を節約できたら、そのぶんは時間貯蓄銀行にためておける（しかも、時間の利子もつく）」とウソをつきます。本当は、灰色の男たちはその節約された時間をエネルギーにして取り込み、増殖していくのですが。彼らはこう話します。

　これからさきの二十年も、あなたがおなじように 1 日 2 時間の倹約をなさったとすると、なんと 1 億 512 万秒というすばらしい額になる計算です。そうなると、あなたは 62 歳にたっしたあかつきには、この大資本が自由に使えるわけです。

（大判 p86）

　こんなふうに言われると、だれもが、「たしかにこのままじゃヤバいかも」「時間の使い方を見直そうかな、貯蓄できるなら、しておきたいな」と思ってしまいますよね。

　しかも、この説得工作をほとんどだれにも見られない、証拠も残さないかたちで遂行していきます。まったく、仮面ライダーやスーパー戦隊ものの悪役たちなどと比べても、ダントツに頭の切れる連

第3章　なぜ、これほど忙しいのか──多忙の内訳を見よ

中ですよ。

■時間の"家計簿"、多忙の内訳を見よ

　ちょっと話がそれましたが、実は、この時間どろぼうがやっている方法は、毎日忙しくて、灰色の男たちに支配されつつある、みなさんにも使えます！

　ぼくは、先生たちに「**何にどのくらいの時間を使ったか、24時間のおおよその内訳を記録してみてください**」とよく申し上げています。たとえば、

・睡眠
・食事、風呂、トイレなどの生理的に必要な時間
・洗濯、掃除などの家事
・育児、介護
・趣味、娯楽
・家族や友人と過ごす時間

といった具合に。

　あるいはもっと厳密にやるなら、先ほどの演習問題のようなかたちです。

　時間の"家計簿"を付けるんですね。これをやると、おそらくみなさんの予想をいい意味で裏切ります。「え〜、これにこんなに時間を使っていたかな」とか「最近めっきり趣味の○○からは遠ざかっているな」といった気づきがあると思います。

　先生たちは「忙しい、忙しい」と言うわりには、何にどのくらい忙しいのか、しっかりデータで示すことができる人は少ないです。「なんとなく、事務作業が負担だな」などは言えるのですが。

　内訳がわからないのに、どうして、どこを改善したらよいかがわかるでしょうか。

43

■忙しい先生は、授業準備、採点・添削、行事、部活動などが丁寧

　図表3-1（次頁）をご覧ください。国の調査結果をもとに、過労死ラインを超える水準で働いている小・中学校教師の1日（週60時間以上働く人の平均像）を、そうでない人の1日（週60時間未満の人の平均像）と比較したものです。

　薄くアミ掛けしたのは、1日のうち一定の比重を占めるものであり、かつ過労死ラインを超えている人と超えていない人の間で比較的差が付いているものです。

　授業準備、成績処理（通知表などの作業に加えて、採点、提出物の確認や添削等を含む）、学校行事、部活動などですね。過労死ラインを超えている先生は、これらの業務をより丁寧ないし長くやっているということが確認できました。なお、この分析は平日についてですが、中学の土日については、部活動がもっと重くなります。

　また、週60時間以上勤務か否かでそれほどの差はありませんが、どの教師にもほぼ共通して1日の時間の比重の重い業務として、給食、掃除、休み時間の見守り等の時間や朝の業務（朝の会や読書活動等）、会議などがあります。これは濃くアミ掛けした箇所です。これらについても、大きな時間を割いているわけですから、考えていかねばなりません（第6章で解説します）。

■事務や保護者は多忙の真因ではない

　実は、事務的な仕事や保護者との関係は、あまり大きな比重を占めていませんし、過労死ラインかどうかで大きな差もついていません。

　もちろん、あくまでもこのデータは教師の平均的な数字であって、事務量や保護者との関係は個人差や学校ごとの差も大きいであろう

第3章　なぜ、これほど忙しいのか──多忙の内訳を見よ

図表3-1　小・中学校における教諭の1日、週60時間以上勤務の人と60時間未満の人との比較

小学校教諭の平日1日

	週60時間以上		週60時間未満		時間差（分）
	従事時間（分）	比重	従事時間（分）	比重	
授業	268	36.5%	264	42.3%	4
授業準備	99	13.5%	66	10.6%	33
学習指導（補習・個別指導等）	16	2.2%	14	2.2%	2
朝の業務	37	5.0%	35	5.6%	2
成績処理、試験の作成・採点、提出物確認等	41	5.6%	29	4.6%	12
学校行事、児童会・生徒会指導	38	5.2%	24	3.8%	14
給食、掃除、登下校、休み時間等の指導	65	8.8%	58	9.3%	7
個別の生徒指導（進路指導、カウンセリング等）	5	0.7%	5	0.8%	0
部活動・クラブ活動	9	1.2%	5	0.8%	4
学年・学級経営（学活、連絡帳、学級通信等）	29	3.9%	21	3.4%	8
学校経営（校務分掌業務等）	26	3.5%	20	3.2%	6
会議、打ち合わせ	34	4.6%	26	4.2%	8
事務	20	2.7%	15	2.4%	5
研修	27	3.7%	26	4.2%	1
保護者・地域対応	9	1.2%	6	1.0%	3
その他	12	1.6%	10	1.6%	2
合計	735	100.0%	624	100.0%	111

中学校教諭の平日1日

	週60時間以上		週60時間未満		時間差（分）
	従事時間（分）	比重	従事時間（分）	比重	
授業	207	28.4%	205	33.4%	2
授業準備	93	12.8%	78	12.7%	15
学習指導（補習・個別指導等）	10	1.4%	9	1.5%	1
朝の業務	37	5.1%	36	5.9%	1
成績処理、試験の作成・採点、提出物確認等	43	5.9%	32	5.2%	11
学校行事、児童会・生徒会指導	40	5.5%	24	3.9%	16
給食、掃除、登下校、休み時間等の指導	65	8.9%	58	9.4%	7
個別の生徒指導（進路指導、カウンセリング等）	20	2.7%	15	2.4%	5
部活動・クラブ活動	51	7.0%	27	4.4%	24
学年・学級経営（学活、連絡帳、学級通信等）	43	5.9%	30	4.9%	13
学校経営（校務分掌業務等）	23	3.2%	19	3.1%	4
会議、打ち合わせ	35	4.8%	30	4.9%	5
事務	21	2.9%	16	2.6%	5
研修	17	2.3%	17	2.8%	0
保護者・地域対応	12	1.6%	7	1.1%	5
その他	11	1.5%	11	1.8%	0
合計	728	100.0%	614	100.0%	114

出典）リベルタス・コンサルティング『「公立小学校・中学校等教員勤務実態調査研究」調査研究報告書』（2018年3月）を加工・編集のうえ作成

ことは留意しておくべきです（つまり、分散が大きいので、平均だけで見ていると危ない）。たとえば、上記のデータは教諭についてでしたが、副校長・教頭となると、事務的な負担がたいへん重いのは事実です。

　とはいえ、大多数を占める一般の教諭を忙しくさせているのは、**膨大な事務作業やクレーマーではなく、先生たちが授業準備や給食、掃除、学校行事、部活動などで一生懸命子どもたちに向き合っているからだ**、とデータは語ります。

　会議や一部の成績処理などの業務を除いて、子どもたちと向き合い、教育効果があると感じる仕事が多いわけですから、働き方改革や業務改善などと言われても、当の教師たちにとっては、「削れないものを減らせ、あるいは削りたくないものを短縮せよ」と言われているように感じますよね。働き方改革が進みにくかった原因はここにあります。

　愛知教育大学等の調査（2015年）によると、教師の仕事について感じることとして、97 〜98％の小・中・高教師が「子どもの成長にかかわることができる」と答えています。「子どもの成長に関わることなら苦でないし、多少長時間労働であっても負担は感じない」というのは多くの教師が話すことですし、各種調査からも確認できることです。しかし、こうした子どもへの思いと使命感のために、学校は、仕事の量も種類も増やしてきたとも言えます。

■ IT などが便利になったのに、なぜ忙しくなったのか

　学校の多忙は、今に始まった問題ではありませんが、国の教員勤務実態調査のデータがある、1966年、2006年、2016年の3時点を見ても、明らかに長時間労働には拍車がかかっています。以前より、はるかに IT 環境などが整備され、便利になったにもかかわら

第3章　なぜ、これほど忙しいのか——多忙の内訳を見よ

ずです。

　1950〜60年代ならびに2000年代後半以降に国や都道府県、教職員組合が公立小・中学校教諭を対象に実施した14の労働時間調査を分析した神林寿幸氏の研究成果によると、次のことがデータ上検証されています[16]。ただし、2016年の国の教員勤務実態調査はこの分析には含まれていません。

➤1950〜60年代と比べて2000年代後半以降のほうが、小・中学校教諭の労働時間は長い。
➤事務処理に費やす時間や保護者等の対応時間は増加していないが、生活指導・生徒指導や課外活動（部活動等）に費やす時間が、1950〜60年代と比べて2000年代後半以降には増えている[17]。

　もちろん、個々の教師ごとの差はあるでしょうが、全体的な傾向をおさえておくことは大切です。

＊16　神林寿幸『公立小・中学校教員の業務負担』大学教育出版（2017）
＊17　神林氏の分析では、週の労働時間を4つに分類して、1950〜60年代と2000年代後半以降（2006年〜2012年）の調査を比較しています。①教育活動時間、②授業準備・成績処理時間、③庶務時間（事務処理、会議、研修、校務分掌等）、④外部対応時間（保護者や地域、教育委員会、業者との対応等）です。統計分析して判明した要点は次のとおりです。
・①教育活動時間については、小・中学校ともに2000年代後半以降のほうが長い。①には正規の教育課程上の時間（特別活動や道徳を含む）と課外活動があるが、前者に大きな差はないので、後者の増加が影響していると推測される。ここでいう課外活動には、放課後の補習や部活動指導、給食・清掃指導、教育相談、進路相談などが含まれる。
・②授業準備・成績処理時間について、小学校教諭では1950〜60年代と2000年代後半以降に有意な差はない。中学校教諭については2000年代後半以降のほうが短い。
・③庶務時間について、小学校教諭では有意な差はない。中学校教諭では2000年代後半以降のほうが短い。
・④外部対応時間について、小・中学校ともに有意な差はない。

文科省や教育委員会は、学校の多忙を改善して、教師が「子ども
と向き合う時間」を確保しようと、これまで呼びかけてきました。
しかし、現実には、**生活指導・生徒指導や部活動指導などで「子ど
もと向き合ってきた」**結果、多忙になり、かつ**長時間労働が解消さ
れにくくなっている**のです。

■「子どもと向き合う時間の確保のため」は半分まちがい

　ぼくは、「子どもと向き合う時間の確保のために、働き方改革を
する」という理念は、半分あっていますが、半分まちがっていると
思います。

　データで確認したように、「子どもと向き合う時間の確保」と言
っているかぎり、多忙は解消されません。むしろ、**「自分と向き合
う時間」**（自分の好きなことをする時間や自己研鑽などで幅を広げ
る時間等）をもっとつくるために[18]、働き方改革を進める必要が
あります。

■国も大いに反省するべきだが

　もちろん、多忙の原因は学校だけのせい、あるいは個々の教師の
働き方が悪いからだとするのは乱暴です。

　実際、先ほどのデータを見ても、教諭の1日に占める業務のうち、
最も長いのは、授業です。学習指導要領の改訂のたびに教える内容

---

[18]　自分の時間を大切にして、教師の魅力を高めている方はたくさん思い浮かび
ますが、そういう方は本を出すなどアウトプットも素晴らしいです。たとえば、前
田康裕『まんがで知る教師の学び3──学校と社会の幸福論』さくら社（2018）、
玉置崇『主任から校長まで 学校を元気にするチームリーダーの仕事術』明治図書
出版（2015）、新保元康『学校現場で今すぐできる「働き方改革」 目からウロコ
のICT活用術』明治図書出版（2019）、堀裕嗣『「時短」と「成果」を両立させる
教師の仕事術10の原理・100の原則』明治図書出版（2018）、坂本良晶『さる
先生の「全部やろうはバカやろう」』学陽書房（2019）など。

第3章　なぜ、これほど忙しいのか——多忙の内訳を見よ

や学校に求められる役割が増えてきたことの影響も大きくあります。2008年の学習指導要領改訂では、小学校低学年で年間約70単位時間（週2コマ相当）、小学校中学年から中学校で年間35単位時間（週1コマ相当）の標準授業時数が増加しました。2017年の改訂でも、小学校中学年の外国語活動、高学年の外国語が増加しました。

　2020年度からの小学校は、1992年度実施（1989年改訂）の学習指導要領——この頃は週休2日制でなかった時代——と同じ授業時数に戻ってしまうのですから、週5の平日がキツキツとなるのは当然です。

　スクラップ＆ビルドなしにビルド＆ビルドだったのは、国の政策も同じです。**文科省にはしっかり反省して、施策を講じてもらう必要があります**（第8章でも触れます）。

　同時に、繰り返しになりますが、**学習指導要領ではマストとはなっていないものについても、学校や教育委員会がどんどん増やしてきてしまった、ビルド＆ビルドであったということも軽視できません。**

　部活動の過熱化はその典型例ですが、運動会や音楽会をはじめとする行事の過剰とも言える演出とそのための多大な準備、陸上記録会や水泳大会などに向けた練習と当日運営、校則を守らせることが目的化して、勤務時間外から校門に立ってチェックに熱心なことなど、学校や教師が学習指導要領以外で仕事を増やしている例をあげるとたくさんあります（第6章でも扱います）。

　これらはすべてムダがあるとか、非効率だと言いたいわけではありません。ですが、本当に必要なのか、あるいは必要だとしてもこれほどの時間とエネルギーを割くべきなのかについて、見つめ直す必要があります。

49

関連して、次の演習問題を用意しました。

■演習問題＃3　意識改革が必要って言うけれど
　学校の働き方改革や業務改善では、よく「教師の意識改革が必要だ」と言う方がいます。長時間労働がなかなか改善しないのは、教師の意識や働きぶりに何か問題があるからでしょうか。
　あなたはどう考えますか。

さまざまな答えがあってよいと思いますが、ぼくは"半分Yes、半分No"です。

まず、意識改革と聞いて、次のような疑問が浮かびます。

・意識改革ってどんなことをイメージしていますか？　ちゃんと具体的なところまで考えておっしゃっていますか？

・以前からたびたび意識改革の必要性は叫ばれてきたのに、うまくいっていないとすれば、なぜですか？　その反省を踏まえた提案が必要なのでは？

これに限りませんが、学校や教育行政には、抽象的な言葉でごまかす、煙に巻くような場面は少なくありません。"校長のリーダーシップが大切だ"とか"教職員が力を合わせて取り組まなければならない"なども同様です。とりあえず、意識改革と言っておけば安心というのでは、困ります。

■「時間対効果」を高めよう

意識改革と言っても、さまざまなものがあると思いますが、ぼくがたびたび提案しているのは、**「時間対効果」（教育効果÷かかった時間）を高めていこう**ということです。一般的には「生産性」ということなのですが、教育業界にはこの言葉に拒否反応を示す人もい

第3章　なぜ、これほど忙しいのか──多忙の内訳を見よ

るので、「時間対効果」と申し上げています。

　たとえば、あなたの知る授業研究や研究大会はどうでしょうか。

　授業者・発表者ともなれば、徹夜覚悟で準備を進める、あるいは大きな大会であれば、1ヵ月も2ヵ月も前から指導案を何度も書きなおす。そういった経験をしたことがある方もいるのではないでしょうか。

　とびきりの授業を観て検討する機会は確かに有意義だと思います。ですが、いつもそれでよいのかはギモンです。

　と言うのも、45分や50分のひとつの授業で5時間も10時間も準備にかけられるゆとりは、全国どこの教師にもほとんどないからです。それよりも、現場で実践・応用可能なのは、15分や30分の準備でもある程度しっかりした授業ができるようになることではないでしょうか。だとすると、授業研究などは、どれだけよい授業ができたかとか、こうすればもっとよい授業になるといった「効果」の側面だけの検討では不十分です。

　ぼくはよくこう申し上げています。

　「公開授業では、指導案や授業の公開だけでは不十分。**準備にかかった時間も公開してほしい**」。

時間対効果や生産性を大事にするというのは、**時間で割り算をするという発想**をもつということです。イメージをお話ししましょう。90点の授業ができた、これは素晴らしいことですが、準備に5時間かかったとなると、1時間あたりは90／5＝18。仮に80点の授業だったが、準備は30分だったとなると、1時間あたりは80／0.5＝160で、後者のほうが圧倒的に生産性は高いのです。

　もちろん教育はそう割り切れないことも多いのは事実です。たとえば、読字障がいのある子に時間をかけて指導・支援して、やっと書けるようになりました。これを生産性や時間対効果が悪いと評価するのは望ましくありません。

　しかし、だからといって、時間や負担などを過小評価して、効果だけを見ようというのも極端な話です。ここでも学校にありがちなゼロか100かの思考です。

　「教育的な意義がある」「児童生徒のためになる」と効果ばかり強調してきたから、これほど教師の仕事がパンクしているという側面もあるでしょう。先ほどの例の授業研究などは、もっと時間対効果を高める工夫はできると思います。大学の附属学校や国や自治体の研究指定校等でレベルの高い授業を見せるのは大事だと思いますが、マイナスの影響としては、生産性無視の学校文化を広げてしまっています。

　時間対効果あるいは生産性という意味なら、教師の意識改革はもっと必要だと思います。

■なぜ、時間対効果を高めることが大事なのか

　とはいえ、次のような反論、疑問もあるでしょう。

- ・時間があるときは、しっかり時間をかけて準備したり、指導案等を検討したりすることは大事だ。
- ・特に若いうちは一度じっくり準備する経験が必要だ。

第3章　なぜ、これほど忙しいのか──多忙の内訳を見よ

　こうした意見にぼくは"半分は"賛成です（いつも煮えきらない回答をするヤツだなと思われるかもしれませんが、現実の世界というのはそうそう単純にはいかないものです）。

　確かに、深く考えるにはある程度の時間がかかりますよね。とりわけそういう経験が少ない若手ならなおさらだと思います（この問題、本当は若手に限りませんが……）。

　しかし、ぼくたちの時間は有限です。何かに時間をかける、かけたいのなら、別の何かはもっと減らすことをしないと、時間がいくらあっても足りません。

　それに、長い時間をかけているからといって、質が伴っているかはクエスチョンです。これは企業等でもよく言われていることですが、「夜まで作業して22時になった。疲れたし、さすがにそろそろ帰るか」といって切り上げます。質が高まり納得のいく出来になったから切り上げるのではないケースが多々あるのです。

　科学的な知見でも、起床後12〜13時間を経過した後は、集中力や生産性は落ちるとされています（次頁の**図表3-2**）。起床後15時間を経過すると、軽い酔っ払いと同じ状態だと言うのです。朝5時台に起きるという教師もけっこういますから、20時過ぎまで残っている人には「先生、そろそろ酔っ払ってきたのではないですか？」と声をかけないといけませんね（笑）。

　まあ、これは冗談としても、たまった事務作業を夜にしていてミスをしたとか、夜遅くは朦朧としてきてアタマが働かなかったといった経験のある方もいるのではないでしょうか。

　第2章で述べたとおり、長時間労働には悪影響も多くあります。こう捉えると、限られた時間で質の高い準備をしようと考えたほうがよいと思います。

図表3-2　睡眠不足や長時間勤務は結果的に仕事の能率を低下させる

睡眠不足は、疲労や心身の健康リスクを上げるだけでなく、作業能率を低下させ、生産性の低下、事故やヒューマンエラーの危険性を高める可能性がある。健康成人を対象にした研究では、**人間が十分に覚醒して作業を行うことが可能なのは起床後12〜13時間が限界であり、起床後15時間以上では酒気帯び運転と同じ程度の作業能率まで低下する**ことが示されている[※]。

※ Dawson D, Reid K. Fatigue, alcohol and performance impairment.
　Nature 1997; 388: 235

健康成人を対象にした研究では、6〜7日間睡眠不足が続くと、その後3日間、十分な睡眠時間を確保しても、日中の作業能率は十分に回復しないことが示されている。……（中略）……睡眠不足が続いて蓄積されると、**「寝だめ」だけでは睡眠不足に伴う作業能率の回復には不十分である**ことを示している。

注）一部抜粋。強調箇所は引用者による。

出典）厚生労働省「健康づくりのための睡眠指針2014」（平成26年3月）

　あらゆることに時短、時短とばかりの発想では疲れるし、おもしろくないかもしれませんが、もっと時間対効果を高めようとしたほうが、浮いた時間を読書や趣味など別の有意義なことに使えますし、育児・介護等を抱える人にとっても働きやすい職場になります。

　時間対効果を高めて損なことはありません。

■長時間労働は個人のせいだけにはできない

　意識改革が必要だという主張について、半分Noと答えた理由もお話ししておきましょう。

第3章　なぜ、これほど忙しいのか──多忙の内訳を見よ

　それは、**意識改革だけでは解決できない**、という意味です。

　国の教員勤務実態調査（2016年度実施）を専門家が統計分析したところ、小・中学校ともに、教諭が勤務する学校によって、学内勤務時間が大きく異なるということがわかりました[19]。「学内勤務時間のばらつきのうち、小学校で30%程度、中学校で20%程度が学校間（勤務校）の違いによる」ものと説明できるとしています。

　もちろん、このデータも限られた変数しか取れていない制約の中での分析なので、限界もありますが、たまたま忙しい学校に勤務したところ、帰るのが遅くなったということは、多くの方が実感していますよね。生徒指導が大変な学校、練習量の多い部活動が多い学校、研究指定などを受けて発表をひかえている学校、行事が多い学校、そして、管理職が細かい学校（通知表などで細かいところまでチェックを入れたがる校長等の学校）などでは、やはり忙しくもなります。つまり、個人の要因だけではないということです。

　中教審答申の中でも、こう述べています。

　教師の長時間勤務については、教師自身において自らの働き方を見直していくことも必要である。その一方で、教師個人の「働き方」のみに帰結するものではなく、教師一人一人の取組や姿勢のみで解決できるものでもない。（pp.13-14）

■主任になると、すごく忙しい

　また、国の教員勤務実態調査の統計分析によると、小・中学校ともに、「年齢が若い」「担任学級児童生徒数が多い」「6歳児未満の

＊19　リベルタス・コンサルティング『「公立小学校・中学校等教員勤務実態調査研究」調査研究報告書』（2018）、文部科学省「教員勤務実態調査（平成28年度）の分析結果について」（2018年9月27日）

子どもがいない」「教務主任」「学年主任」「校務分掌数が多い」「男性」「通勤時間が短い」教諭の勤務時間が長い傾向がありました（次頁の**図表3-3**）。加えて小学校では、「特別支援教育コーディネーター」「教科主任」「現在校勤務年数が短い」、中学校では、「部活動日数が多い」「正規職員」「生活・生徒指導主任」「進路指導主任」「現在校勤務年数が長い」教諭の勤務時間が長い傾向が統計上有意に出ました。

　もっとも、これは学内勤務時間の差を分析したものですから、6歳児未満の子どもがいる教師は保育園の迎えなどがあって早めに退勤しても、自宅等で残業しているというケースも多々あります。ですから、この分析結果だけを見て判断するのも早計な側面はあります。

　とはいえ、教務主任や学年主任、教科主任、生徒指導主任らが忙しいというのは、多くの人の実感にも合う結果だと思います。また、校務分掌数が多い人も、授業準備以外にもやることが多岐にわたっているということで、やはり長時間労働になりやすいということでしょう。

　こうした要因も、個々人の意識改革だけには帰着できない問題です。

　具体的には、こうした知見からどのようなヒントがあるでしょうか。ここからは統計分析結果ではなく、妹尾の解釈、仮説となりますので、まだ十分に検証されている話ではないのですが、構造的な問題に目を向けるべきです。

■長時間労働と人材育成の危機

　今の日本の学校の最大の問題は何でしょうか。

　ぼくは、長時間労働と人材育成の2つの危機が同時に起きている

図表３-３　教諭の学内勤務時間を従属変数とする回帰分析結果（小・中学校、平日）

小学校・教諭（いずれも持ち帰りはなし）

説明変数		平日		
		係数		標準化係数
属性	Q1 性別（男性1　女性2）	-10.066920	＊＊＊	-0.06
	Q2 年齢	-1.779079	＊＊＊	-0.26
	Q3-2 正規任用ダミー	10.633238	＊＊	0.03
	Q4-2 現在校勤務期間通算年	-1.132108	＊＊＊	-0.04
	Q5-2 担任学級児童数	1.377565	＊＊＊	0.23
主任	Q9_1 教務主任	32.604291	＊＊＊	0.10
	Q9_2 生活・生徒指導主任	5.653240		0.02
	Q9_3 進路指導主任	-21.027359		-0.01
	Q9_4 保健主任	5.486102		0.01
	Q9_5 研究主任	1.574870		0.00
	Q9_6 庶務主任	12.237294		0.01
	Q9_7 学年主任	10.631645	＊＊＊	0.06
	Q9_8 教科主任	7.384130	＊＊＊	0.04
校務分掌	Q10_1 教務	-1.215853		-0.01
	Q10_2 生活・生徒指導	-9.856506	＊＊＊	-0.05
	Q10_3 進路指導	23.445000	＊	0.03
	Q10_4 保健・環境	-5.382922		-0.02
	Q10_5 研修・研究	-2.847780		-0.02
	Q10_6 庶務・会計	3.802858		0.01
	Q10_7 特別支援教育コーディネーター	15.519354	＊＊＊	0.05
	Q10_8 児童会・生徒会	3.455559		0.02
	Q10_9 広報	-6.424011		-0.02
	Q10_10 渉外・地域連携	5.453487		0.02
	校務分掌数	6.223581	＊＊＊	0.07
	Q11 一週間の担当授業コマ数	0.050597		0.00
家庭状況	Q13 通勤時間（分）	-0.289315	＊＊＊	-0.06
	Q14-1　6歳児未満子ども有	-41.775114	＊＊＊	-0.19
	Q15-1_1 自宅介護	-1.949845		-0.01
	Q15-1_2 自宅外介護	-0.825247		0.00
	土日行事なし	-8.140065	＊＊	-0.03
	（定数）	741.220671	＊＊＊	
	調整済み R2 乗	0.181		
	N数	5,084		

＊＊＊は1％水準で有意、＊＊は5％水準で有意、＊は10％水準で有意

中学校・教諭（いずれも持ち帰りはなし）

説明変数		平日		
		係数		標準化係数
属性	Q1 性別（男性1　女性2）	-11.046499	＊＊＊	-0.06
	Q2 年齢	-2.099269	＊＊＊	-0.28
	Q3-2 正規任用ダミー	18.316957	＊＊＊	0.05
	Q4-2 現在校勤務期間通算年	1.288176	＊＊＊	0.04
	Q6-2 担当学級生徒数（担任なしは0）	0.878393	＊＊＊	0.17
	Q8-1 担当部活週平均活動日数（顧問なしは0）	4.590451	＊＊＊	0.11
主任	Q9_1 教務主任	18.285984	＊＊＊	0.04
	Q9_2 生活・生徒指導主任	20.095686	＊＊＊	0.05
	Q9_3 進路指導主任	20.505457	＊＊＊	0.05
	Q9_4 保健主任	-4.637112		-0.01
	Q9_5 研究主任	3.100512		0.01
	Q9_6 庶務主任	-7.106212		0.00
	Q9_7 学年主任	23.174707	＊＊＊	0.09
	Q9_8 教科主任	0.747273		0.00
校務分掌	Q10_1 教務	-4.496670		-0.02
	Q10_2 生活・生徒指導	-9.480131	＊＊＊	-0.05
	Q10_3 進路指導	-0.310448		0.00
	Q10_4 保健・環境	-8.401442	＊＊	-0.03
	Q10_5 研修・研究	4.077764		0.02
	Q10_6 庶務・会計	0.266802		0.00
	Q10_7 特別支援教育コーディネーター	-4.692187		-0.01
	Q10_8 児童会・生徒会	3.874874		0.02
	Q10_9 広報	-12.336474	＊＊	-0.03
	Q10_10 渉外・地域連携	6.251472		0.02
	校務分掌数	5.757705	＊＊＊	0.06
	Q11 一週間の担当授業コマ数	0.108775		0.01
家庭状況	Q13 通勤時間（分）	-0.249179	＊＊＊	-0.05
	Q14-1　6歳児未満子ども有	-29.081539	＊＊＊	-0.12
	Q15-1_1 自宅介護	1.438208		0.00
	Q15-1_2 自宅外介護	1.071190		0.00
	土日行事なし	-10.577145	＊＊	-0.02
	（定数）	753.316827	＊＊＊	
	調整済み R2 乗	0.164		
	N数	6,076		

＊＊＊は1％水準で有意、＊＊は5％水準で有意、＊は10％水準で有意

出典）リベルタス・コンサルティング『「公立小学校・中学校等教員勤務実態調査研究」調査研究報告書』（2018年3月）

図表3-4　長時間労働と人材育成の危機による悪循環

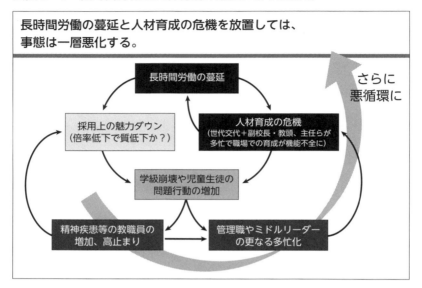

ことだと思います（**図表3-4**）。

　少し説明しますね。今、全国的にも教職員の世代交代が大規模に進行中です。シニア層が退職し、若手が増えています。地域差はありますが、たとえば、横浜市では全教員のうち約半数は経験10年以下です（2017年）。もちろん頼りになる若手もいますが、育成が必要な人も多いことでしょう。

　しかも、過重労働な職場として認知されると、採用上マイナスとなっていきます。第2章で紹介したように、実際、教員採用倍率が低下している地域も多い状況です。「これでは、教員の質が確保できない」という教育委員会や学校の嘆きも頻繁に聞く話です。

　仮に採用時に多少不安が残る人であっても、採用後に育成されれば、あるいは自分で成長していければ、問題はそう深刻にはならないかもしれません。しかし、今の学校にはそれも期待薄です。

　というのも、育成やケアをする中核的な人材である副校長・教頭

第3章　なぜ、これほど忙しいのか──多忙の内訳を見よ

がたくさんの事務作業などに追われて、人材育成に手が回っていないからです。全国教頭会の調査のほか、各種調査でも、副校長・教頭は、もっと人材育成に時間をかけたいと考えていますが、それは現実がそうはなっていないことの裏返しでもあります。全国教頭会は「**授業で勝負できる人材育成をできない**」と訴えています[20]。

　また、教頭職以外の主任層らも超多忙です。自身が忙しいことと、育成するべき人が多いことのダブルパンチで、職場での育成は十分機能しているとは言えない学校が増えつつあります。

　多忙で、人材育成があまり丁寧にできないとなると、学級の中、あるいは保護者との間でトラブルを抱える事態にもなりかねません。こうなると、副校長・教頭や主幹教諭、学年主任らはその対応（火消し）に奔走することになります。

　しかもこれは、若手に限った問題ではありません。ベテラン層でも、担任を任せると必ずと言ってよいほど問題を起こすという人もいます。元小学校教諭の東和誠『問題だらけの小学校教育』（KKベストブック、2018）では、「壊し屋」と呼ばれている教師のことなどを赤裸々に綴っています。

　学級経営がわかりやすい例ですが、行事の準備や校務分掌でも、仕事ができる人とできない人（あるいは苦手な人）はいます。これは学校に限った話ではありませんが、できる人には仕事を任せやすいですが、そうではない人には任せづらいですよね。トラブルになったり、後でやりなおしが発生したりして結局手間がかかるからです。こうなると、苦手な人はその仕事を経験し、育成される機会がないままになってしまいます。悪循環です。

＊20　2018年5月18日の中教審・働き方改革特別部会での資料、議事録を参照。

学級崩壊や家庭とのトラブルが起こると、担当する教師にとっては、時間という負担に加えて、多大な精神的な負担ともなります。国も教育委員会もさまざまなメンタルヘルス対策をとってきたにもかかわらず、ここ約10年間、毎年約5,000人の病気休職者（精神疾患による）が出ています[21]。

　病気休職者が出ると、今は代替の講師も人手不足でなかなか見つかりませんので、残された教職員はさらに忙しくなります。とりわけ、副校長・教頭らの管理職や、主幹教諭、学年主任、生徒指導（生活指導）主任、教務主任らにさらなる負担がのしかかります。こうして、人材育成は後手後手で、さらに進みません。

　さて、学校の多忙は、これまで解説したこと以外にもさまざまなことが背景・要因となっています。そもそも、学校に求められる役割、仕事が増えすぎているということにも注目するべきですし、特別な配慮、ケアを必要とする子が増えていることなども重要な要因です。

　中教審の答申でも多くの理由を列挙していますので、ここでひとつひとつは紹介しませんが、ご確認いただければと思います（pp.10-13）。

　ただし、たくさんの要因をあげつらねても、学校や教育委員会としては困惑するケースも多々あるのではないでしょうか。もちろん現実はそう単純な話ではないのですが、「理由が20個あります」と言われても、今の学校には20個すべてに対処する余裕は時間的にも精神的にもありません。

　大きなところやより根本的なところをおさえておくことが必要です。たとえると、"てこの原理"です。小さな力で大きなものを動

---

[21]　文部科学省「平成29年度公立学校教職員の人事行政状況調査」

かすにはどうするかを考えます。

　"てこ"はどこでしょうか。この章で述べたことも含めて、ぼくは次の点に注目しています。

　１）時間対効果の意識の薄い、生産性度外視の働き方。子どものためになる、教育効果があるとなると、学校や教師のほうで、仕事をどんどん肥大化させてしまうこと。
　２）長時間労働と人材育成が同時に起きて、悪循環となっていること。
　３）保護者や社会からの期待、児童生徒のニーズなどがあって、学校、教師に求められることが増え続けたこと。

　少なくともこの３点はおさえておきたいと思います。

■ Summary　なぜ、これほど忙しいのか

◎何に忙しいのか、時間の家計簿を付けること、多忙の内訳を見ることが出発点になる。

◎忙しい先生は、授業準備、採点・添削、行事、部活動などに時間がかかっている。一概に悪いわけではないが、丁寧過ぎないか、過剰な準備になっていないかなどを検討する必要がある。

◎時間対効果の意識の薄い、生産性度外視の働き方では、子どものためと言って、仕事がどんどん肥大化する。

◎長時間労働と人材育成が同時に起きることによる悪循環を断ち切らなくてはならない。

第4章

原則1

法令とガイドラインに沿った
働き方に変える

■特効薬などない

第2章と第3章で、なぜ長時間労働のままではマズイのか、なぜこれまで改善してこなかったのかについて見てきました。では、どうするか。これが第4章から第8章までのテーマです。

中教審答申では、次の5つの視点を重視しており、「学校における働き方改革はこれらの施策が一体となって推進されることによって実現するもの」としています（p.14）。

①勤務時間管理の徹底と勤務時間・健康管理を意識した働き方の促進
②学校及び教師が担う業務の明確化・適正化
③学校の組織運営体制の在り方
④教師の勤務の在り方を踏まえた勤務時間制度の改革
⑤学校における働き方改革の実現に向けた環境整備

「これらの施策が一体となって」と答申で書いているのは、何か**1つや2つだけでは不十分**だ、という意味です。先日あるシンポジウムで、イトーヨーカ堂の働き方改革のプレゼンを聞きましたが、一流企業でも試行錯誤しつつ頑張っていることがよくわかりました。人事担当の幹部が「働き方改革に特効薬はない」と何度も強調していましたが、これは学校にも言えることだと思います。

たしかにこの5つは、重要なことをかなり網羅的にリストアップしています。ただしその分、かなり抽象度が高いくくりですし、また、実際は5つの中にも濃淡があるように思います。中教審の審議でも、かなり時間をかけて踏み込んで検討したものと、踏み込み不足のものがあります。

第4章 原則1 法令とガイドラインに沿った働き方に変える

■働き方改革に必須な５つの原則

　そこで、以下では先ほどの視点や答申で提案されていることを踏まえつつ、ぼくなりに再構成して、より具体的に解説、提案したいと思います。

> 原則1　法令とガイドラインに沿った働き方に変える
> 原則2　時間に価値を置いた働き方を評価する
> 原則3　「先生がやって当たり前」を仕分ける
> 原則4　チームワークを高め、分業と協業を同時に進める
> 原則5　勤務時間内でしっかり授業準備できる環境をつくる

　この章では原則1について見ていきます。まずは次の演習問題を考えてみてください。

> ## ■演習問題＃4　桐島先生、部活顧問やめたいってよ
> 　次の話は、X市立春日中学校での２人の教諭の会話です（実話をもとにして脚色した事例）。春日中学校の学校運営として、法令や学習指導要領に照らして、問題がありそうなことや疑義があることはどこでしょうか。
>
> **桐島恵子教諭（35歳）**：今日も挨拶運動、お疲れさま。
>
> **森聡教諭（28歳）**：桐島先生、おはようございます。昨日、大学のときの友人と飲み会だったんで、ちょっと眠いです。まあしかし、校門前での生徒指導もいつまで続けるんですかね？ ３年前まではけっこう荒れていたと聞きましたが、今では生徒の多くはおとなし過ぎるくらいですよ。

桐島：そうね。ちょうど来週の主任会議で来年度の教育課程の方
　　　針について協議があるの。話してみようかな。

森：ぼくはまだ2校目ですけど、前任校では挨拶運動はやらなか
　　ったですね。だいたい勤務時間の30分も前からだし。それか
　　ら、来年度のことなら、毎週水曜の放課後補習をどうするかも
　　考えていただきたいですね。そりゃあ、やらないよりはやった
　　ほうがいいとは思いますけど、若手中心に個別指導してて、け
　　っこうな負担ですよ。せっかくノー部活デーなのに。

桐島：あれは、もともと2年前に保護者からの依頼で、「学校で
　　　勉強したい子をいさせてくれ」ってあったのよ。図書室とかで
　　　もよかったんだけど、やるなら補習にしようという話を前の校
　　　長が言い出して。ほら、うちの市って、全国学力テストで成績
　　　があまりよくないじゃない。校長は市教委からいろいろ言われ
　　　ていたらしいし……。

森：わかりますけど、6時限までやって、やっと一息つけると思
　　っても、16時半まで補習ですからね。先日、組合の勉強会に
　　いったら、「休憩時間を意識しているか？」って話が出たんで
　　すけど、うちの学校は15:30〜16:15ですよね。初任の先生
　　なんて、知らないんじゃないかな。

桐島：最近、働き方改革とかって言われてるじゃない。Twitter
　　　でもいろんなニュースや情報を見るようになったけど、うちの
　　　学校には「どこ吹く風」って感じ。先週、商社に務めている友
　　　だちからは「学校って、いまだ出勤簿にハンコだけなの？　昭
　　　和だな〜。もう令和なのに」って、小馬鹿にされちゃった。

森：それ、ぼくも友人から似たことを言われたことあります。学校にいると、フツーな感じなんですけど、「学校の常識は世間の非常識」みたいなところってあるんですかね。そもそも教育実習のときから、猛烈にやらされる学校もありますしね。最近はそれで教師をあきらめる子もいるみたいです。

桐島：あと、生徒のためとはいえ、実質土日もないときもあるのはどうかなと思う。わたし、音楽だと1人だけだから、吹奏楽部をもたされるでしょう。うちの生徒たちは真面目で熱心なのはいいんだけど、ここ数年全国のコンクールまで行ってるもんだから、もう保護者の期待も高くて。先月も地域でのミニコンサートがあって、週末完全に休めたのは2日だけだったかなあ。

森：部活好きでやっている人はまだいいかもしれませんけどね。同世代の先生を見ていると、休日のプライベートまで犠牲にするのはちょっと、と大勢が思っていますよ。初任なんて、授業準備や研修だけでも大変ですし。部活の活動日を減らそうって、なかなか若手からは声をあげにくいんですけどね。

桐島：わたしの場合、大学のときの専門は声楽だし、音楽の教師だからって、みんながみんな顧問したいとは限らないんだけどね。でも、どこの中学でももう暗黙の了解で、当然やってくださいますよね、みたいな。もし子どもができたら、今のような活動の顧問は正直ムリだと思う。

森：桐島先生が顧問拒否となると、校内、大騒ぎになるでしょうね。でも、望まない人に強要しないと運営できないのが「教育活動」だなんて、おかしいですよ。

■まずは法令を知る、守る

　この演習問題、いかがでしたでしょうか。

　2人の先生の会話からは、この春日中学校では法令上相当オカシイ実態があることがわかります。いくつか気になる点をリストアップしてみましょう。

➤勤務時間前の挨拶運動が教師の業務の一部となっている。
➤補習指導などのため、休憩時間が確保されていない。
➤出勤簿に押印するだけで、出退勤記録がない。
➤部活動指導などによっては土日の休日確保もできていない。
➤部活動顧問になることが事実上強要されている。

　これらの中には、法令違反の疑いが強いものや、学習指導要領の趣旨からしてオカシイ運用となっていることが含まれています。

　みなさんの学校ではどうでしょうか。法令遵守など「どこ吹く風」という調子で、学校の慣習や独特の論理がまかり通っているところもあるのではないでしょうか。ですが、当たり前ですが、日本は法治国家です。教育者としても、そして市民としても、法令無視はもちろんオカシイし、してはいけない話ですよね。

　実は今回の中教審答申では、教職員の勤務や服務監督に関わる基本的な法令の説明にかなりのページ数を割いています（特に pp.16-25）。この手のことは中教審や文科省から言われなくとも、研修等を受けている人も多いでしょうし、少なくとも校長や副校長・教頭への登用の際には周知されているはずです。にもかかわらず、守られていない、無視され続けている実態があるので、中教審でもわざわざ書いているのでしょう。

第4章 原則1 法令とガイドラインに沿った働き方に変える

　答申では、この箇所の冒頭で「私立学校及び国立学校の教職員については、労働基準法が全面適用される。公立学校の教職員については、一部の規定を除き、労働基準法が適用される」と書いています。これは、「教員には労働基準法第37条が適用除外となっているだけであるにもかかわらず、労働基準法による労働時間に係る規制が全て適用除外されており、管理職は教員の時間外勤務やその時間数を把握する必要はないという誤解が生じている」と約10年前の文科省の検討会議（2008年）で述べられている状況[22]が、今日まで続いているから、わざわざ注意喚起しているのです。

■勤務時間外で緊急性の低いことを強要するのは違法

　この演習問題では、朝の挨拶運動などの生徒指導、それから平日の放課後や土日に及ぶ部活動指導について、教師にほぼ強要されている疑いがあります。もちろん、法令の解釈としては、個々の事情に応じて個別具体的に裁判等で判断されることになりますので、一概にこうだとは断定できませんが、法令違反の疑いがあるということは留意してください。

　というのは、下記の中教審答申で説明されているとおり、公立学校では、校長が教師に時間外勤務を命じることができるのは、修学旅行や災害時、生徒指導上の緊急時などの超勤4項目に該当する場合であり、なおかつ、臨時または緊急のやむを得ないときに限られるからです。

　公立学校の教育職員については、給特法により、正規の勤務時間の割り振りを適正に行い、原則として、時間外勤務は命じない

＊22　「学校の組織運営の在り方を踏まえた教職調整額の見直し等に関する検討会議　審議のまとめ」（2008年9月8日）

69

ものとされており、正規の勤務時間を超えて勤務させる場合は、「政令で定める基準に従い条例で定める場合に限るものとする」とされている。したがって、公立学校の教育職員に時間外勤務を命ずる場合は、「公立の義務教育諸学校等の教育職員を正規の勤務時間を超えて勤務させる場合等の基準を定める政令」で定められている業務（いわゆる「超勤４項目」）に従事する場合であって臨時又は緊急のやむを得ない必要があるときに限られる。

また、時間外勤務を命ずるに当たっては、健康及び福祉を害さないように考慮しなければならない。(p.17)

挨拶運動や部活動指導は、超勤４項目に該当しませんし、なおかつ、緊急性があるものでもありませんから、２つの要件とも満たしておらず、校長は（あるいは教育委員会も）時間外勤務を命じることはできません。

■部活動の設置も指導もマストではない

2013年３月に「真由子」と名乗る中学校教師がブログ「公立中学校　部活動の顧問制度は絶対に違法だ!!」を立ち上げ、その後、大きな話題となりました。2016年には部活動顧問の「選択権」を求めてインターネット上のウェブサイトで署名を集める運動が起こり、３ヵ月間で約２万3,500人分が集まりました[23]。

真由子さんは違法だと主張していますが、部活動の位置づけは、とてもややこしいです。公立学校の場合、教師の勤務に関する制度は前述のとおりですから、勤務時間外に及ぶことがほぼ確定している部活動について、その指導を校長が命じることはできません。理屈としては、「超勤命令は出ていないが、先生たちが自主的、自発

---

[23]　毎日新聞 2016年４月25日

第4章 原則1 法令とガイドラインに沿った働き方に変える

的にやっているのだ」ということになります。

　ですが、部活動指導中に教師が事故等にあったとき、労災、公務災害の対象となりえます。また、休日の部活動指導には一定の要件のもと、特殊勤務手当が出ます。つまり、部活動指導は、教師の趣味でやっているのではなく、勤務、学校の業務の一環としてやっているから、公務災害対象にもなるし、手当も出るのです。にもかかわらず、超勤4項目に該当しないので、「校長からやれという命令は出ていない状態ですけど」というタテマエなのは、どう考えても、ちぐはぐです。

　中教審で部会長も務めた小川正人教授は、部活動に手当を出しているのは「弥縫策」「事実上の時間外手当」と言えるのではないか、と指摘しています*24。本来は、部活動の法的な位置づけとあり方はもっとよく議論され、検討されるべきだとぼくは考えています*25。ここは、今回の中教審の検討でも踏み込み不足でした。

　中教審答申では、こう記述しています。

> **部活動の設置・運営は法令上の義務ではなく**、学校の判断により実施しない場合もあり得る。実施する場合には学校の業務とし

＊24　小川正人「教員の長時間労働と給特法─給特法の問題点と改廃の課題─」、『季刊教育法』No192（エイデル研究所、2017）

＊25　選択肢としては超勤4項目を増やして、部活動も入れるという案もあります。実は超勤項目ができた当初の文部省の案では部活動は入っていましたが、日教組との交渉過程のなかで削られたという歴史的な経緯もあります。ですが、今日的な意味を考えても、超勤項目を増やすのでは、部活動による長時間労働を追認することにつながりかねませんので、ぼくはこの選択肢には反対です。私案かつ試案としては、部活動の手当は廃止し、学習指導要領上、部活動を学校教育の一環として行うという点を削除することを検討するべきだと思います。部活動は学校教育からは切り離して、顧問をしたい人には副業として認めて、事故等の保険は別途対応するというほうがよいのではないでしょうか。小学生向けの地域スポーツ活動（少年野球など）はこの案に近いものです。とはいえ、ここまでの変革は大ごとですので、ただちには難しいでしょうが、しっかり対話と議論をしていくべきだと思います。

て行うこととなるが、平成29年度から部活動指導員が制度化されたところであり、部活動指導は必ずしも教師が担う必要のない業務である。(p.67)

　そもそも、中学校、高校の新しい学習指導要領では、部活動について次のように定めています。

　生徒の自主的、自発的な参加により行われる部活動については、スポーツや文化、科学等に親しませ、学習意欲の向上や責任感、連帯感の涵養等、学校教育が目指す資質・能力の育成に資するものであり、学校教育の一環として、教育課程との関連が図られるよう留意すること。その際、学校や地域の実態に応じ、地域の人々の協力、社会教育施設や社会教育関係団体等の各種団体との連携などの運営上の工夫を行い、**持続可能な運営体制が整えられるようにする**ものとする。

　まず、学習指導要領で部活動は1ヵ所しか出てこないという事実を、保護者はもちろんのこと、多くの教師もご存じでしょうか。これだけ多くの時間を、生徒も教師もかけているにもかかわらず！
　次に、部活動は「生徒の自主的、自発的な参加により行われる」ものであり、教育課程外（＝正規の授業の外）という位置づけであることに注目です（新学習指導要領も現行も同じ）。この記述は、部活動は生徒にとっても、教師にとっても、強制ではないということを示しています。意訳すると、「生徒がなんらかのスポーツなり文化活動なりをやりたいねと言ってきた。学校側の体制（指導者や施設、設備など）も整ったから実施可能になった。じゃあ、やりましょうか」というのが本来の部活動の姿なのであり、生徒や保護者の一般的な認識とは異なり、**全ての生徒が入ることが当たり前、教**

師がやってくれて当たり前ではありません。

■やむを得ず時間外に業務が必要な場合は、割り振りを行う

　部活動について少し長くなりましたが、演習問題に戻りましょう。

　今回の挨拶運動は緊急性もないので、本来は、やる必要があるかどうかをよく検討すること、仮に必要性が高いとしても、やりたい先生だけでやればよいということになると思います。

　とはいえ、実際の学校生活の中では、児童生徒への指導などで、超勤４項目には入っていないが、どうしても時間外にやらざるをえないというときもあるでしょう。こういう事態について、中教審答申では次のように述べています。

> 　早朝の登校指導や夜間などにおける見回り等、「超勤４項目」以外の業務については、校長は、時間外勤務を命ずることはできない。早朝や夜間等、通常の勤務時間以外の時間帯に**やむを得ずこうした業務を行う場合については、服務監督権者は、所定の勤務時間の割り振りを適正に行う**などの措置を講ずる必要がある。（p.21）

　勤務時間の割り振りを適正にせよというのは、「公立の義務教育諸学校等の教育職員を正規の勤務時間を超えて勤務させる場合等の基準を定める政令」でも書いていることです。

　たとえば、やむを得ず早朝から出勤することが必要な業務があれば、校長は勤務開始時刻を通常からは変更し、その分、当該日、または他の日の終業時刻を早めにするといったことが考えられます。また、家庭訪問などが深夜まで及ぶ日があれば、その分、他の日の勤務時間を短くすることが必要です。

　正直、これをキチキチやるのは、相当面倒なことですよね。実態

調査したものは見当たりませんが、おそらく多くの学校が勤務時間の割り振り変更はきちんとできておらず、なあなあで済ませてきているのではないかと推察します。ただし、法令上は原則時間外勤務はなしで、やむを得ず発生するときには割り振りをして対応するように、となっています。

　今回の働き方改革の答申とガイドラインは、面倒な部分も多々あるのは確かですが、勤務時間をしっかり意識した働き方に変えるチャンスと捉えていただきたいと思います。

■休憩、休日をとれないのは労働基準法違反

　この演習問題でもうひとつ深刻な法令上の問題があります。関連する中教審答申を引用しておきましょう。

> 　休憩時間については、労働基準法に基づいて、労働時間が6時間を超えて8時間以下である場合には少なくとも45分、8時間を超える場合には少なくとも1時間の休憩時間を与えなければならない。休憩時間の付与に当たっては、①労働時間の途中に与えなければならず、②原則として一斉に与えなければならず、③自由に利用させなければならない。ただし、②について、地方公務員は、条例に定めがある場合、交代制により、又は個々の職員別々に休憩時間を与えることも認められる。休日については、労働基準法に基づき、毎週少なくとも1日の休日か、4週間を通じて4日以上の休日を与えなければならない。(pp.16-17)

　演習問題では補習指導のためですが、全国各地の学校では休憩時間があってなきがごとしになっています。平気で会議や研修が入るということも珍しくないと聞きます。高校では、給食指導がないので、ランチ休憩が取れる場合も多いと思いますが（生徒指導などで

第4章 原則1 法令とガイドラインに沿った働き方に変える

大変な学校はそうはいかないでしょうが)、小・中学校や特別支援学校では、給食や掃除、児童生徒の昼休みの時間も、指導や見守りが必要な時間となっていますから、休憩時間ではないという学校が多いと思います。

　それで、本ケースのように夕方に休憩時間が設定されているということがあるのですが、本来、これもおかしな話で、朝7時や8時から勤務しているのに、「15時過ぎまでノンストップで働け」というのは、どれだけ過酷な、無茶苦茶な職場なのか、ということに気づいてほしいと思います。なおかつ、この夕方に申し訳なさそうに設定されている休憩時間も形骸化しており、多くの教師はこの時間も仕事をしています。

　事実、国の教員勤務実態調査でも、1日に10分も休憩が取れるか取れないかというのが小・中学校の教師の現実であることがわかっています。**今の現実は、全国の小・中学校等で労働基準法違反が常態化**しているのです。

　たとえば、全国の小学校の数は、全国のセブン–イレブンの数とほぼ同じくらいありますが、仮に各地のセブン–イレブンで従業員に10〜12時間ろくに休憩を与えず、働かせ続けていたら、「ブラックな職場だ」「労働搾取のとんでもない会社だ」と強く批判されるだろうと思います。

　教育委員会も教職員も、児童生徒がいる間は休憩なんて取れないことがフツーと思い込み、感覚がマヒしてしまっています。

　加えて、上記答申ないし労働基準法にあるとおり、4週間を通じて4日以上の休日を取る、いわゆる**4週4休の原則も、部活動や補習（模試なども含む）に熱心な学校では守られていません**。「大会、試合があるから」とか「生徒が練習（あるいは勉強）したいと言っているから」などは、労働基準法違反の言い訳にはなりません！

75

■出勤簿にハンコだけ、昭和な学校も労安法違反

　この演習問題では、出勤簿に押印するだけで、出退勤記録がありません。タイムカードなどにより客観的に勤務時間を把握している都道府県、市区町村は約4割ほどにとどまります（2018年4月時点、文部科学省「平成30年度教育委員会における学校の業務改善のための取組状況調査結果」）。私立の中・高では、約6割で勤務時間管理が何もなされていません（2018年12月～2019年1月、私学経営研究会「働き方改革に関するアンケート」）。こうした実態は法令上望ましいものではありません。関連する答申の記述を見ておきましょう。

　勤務時間の管理については、厚生労働省において「労働時間の適正な把握のために使用者が講ずべき措置に関するガイドライン」（平成29年1月20日）が示され、使用者は、労働者の労働日ごとの始業・終業時刻を確認し、適正に記録することとされている。このガイドラインの適用範囲は「労働基準法のうち労働時間に係る規定が適用される全ての事業場」であることから、国公私立を問わず、全ての学校において適用されるものである。

　また、働き方改革推進法による改正後の労働安全衛生法体系において、事業者は、同法に定める面接指導を実施するため、タイムカードによる記録、パーソナルコンピュータ等の電子計算機の使用時間の記録等の客観的な方法その他適切な方法により、労働者の労働時間の状況を把握しなければならない旨が規定されたところである。

　このように、**勤務時間管理は、労働法制上、校長や服務監督権者である教育委員会等に求められている責務**であり、今般の労働安全衛生法の改正によりその責務が改めて明確化されたところで

第4章 原則1 法令とガイドラインに沿った働き方に変える

ある。また、**業務改善を進めていく基礎としても**、適切な手段により管理職も含めた全ての教職員の勤務時間を把握することは不可欠である。一人一人の教師の勤務時間を適確に把握することにより、校務分掌の見直し等の教職員間の業務の平準化や、働き過ぎ傾向のある教師について労働安全衛生法に基づく医師等による面接指導を適切に実施することの前提となるという面があるとともに、教師一人一人においても自らの働き方を省みる契機になる。(pp.18–19)

　こうした法令上の理由と業務改善上も必要ということもあり、文科省が策定した「公立学校の教師の勤務時間の上限に関するガイドライン」においても、「在校時間は、ICTの活用やタイムカード等により客観的に計測し、校外の時間についても、本人の報告等を踏まえてできる限り客観的な方法により計測すること」を教育委員会に求めています。なお、出張やテレワーク等がある場合は、客観的に確認できるものと自己申告を組み合わせていくことに、おそらくなるでしょう。

■ Why タイムカード？

　第1章で紹介したように、タイムカードやICカードを導入しても、ピッとしたあといくらでも残業はできてしまうわけですよね。
　"なんちゃって働き方改革"が進むことで、かえって勤務時間の「見えない化」が進んだら、改善どころか改悪です。
　多様な働き方を推進していることで有名なIT企業、株式会社サイボウズでは、「アリキリ」というアニメーション動画を公開しています。とてもおもしろいし、「わかるわ～」とうなるシーンの多いショートムービーですから、ぜひご覧になってください。そこでは、ノー残業デーが設定されても、結局近くのカフェで残業してい

るといったことが揶揄されています。

■働き方改革について揶揄するサイボウズのアニメーション

https://cybozu.co.jp/20th/

　さて、話を戻しますね。ハンコだけの昭和の運用はやめて、タイムカード等を導入しても、なぜ、正確な記録が必要なのかということについて、使用者である教育委員会と校長の理解はもちろんのこと、当の教職員の理解と納得がなければ、うまくはいきません。「Why 働き方改革？」と同時に「Why タイムカード？」ということを共有する必要があるのです。
　ぼくは少なくとも３つの重要な理由、趣旨があると思います。講演では次頁の**図表４−１**のスライドをよく使っています。
　１つ目は、先ほど答申も引用したとおり、法令やガイドラインで必要とされているからです。
　本来はこの理由だけで十分なのですが……、学校の先生たちは法令上必要とだけ言われても、やらされ感が募るんですよね。なので、ほかの理由もダメ押しで加えています（笑）。

第4章 原則1 法令とガイドラインに沿った働き方に変える

図表4-1　Why タイムカード？　3つの理由

勤務時間の把握・管理は必要か？
Why タイムカード？　3つの理由

■客観的な勤務時間の記録が重要な理由
①労基法、労安法やガイドラインで必要とされているから
　⇒時間管理の好き嫌いの問題にあらず
　※労働安全衛生法第66条の8の3（新設）、同施行規則第52条の7の3
　※厚生労働省「労働時間の適正な把握のために使用者が講ずべき措置に関するガイドライン
　　（2017年1月20日）」
　※文部科学省「公立学校の教師の勤務時間の上限に関するガイドライン」（2019年1月25日）

②自らの働き方を振り返るため
　※ダイエットのたとえ

③万一、倒れたときや病気となったとき、公務災害（労災）認
　定のときに必要だから

　2つ目の理由は、振り返りのためです。授業のリフレクションが大事なのと同様に、自身や学校の働き方もリフレクションしましょう、ということです。

　非常に多くの先生が、子どもたちのためならばと一生懸命働いています。過労死ラインを超えてしまっている人が大半です。知らず知らずのうちに健康を害する人もいます。記録があることで「今月はもうすぐ過労死ラインを超えるほど働いているな」といった感覚が出てきます。

　それから、校長や教頭としては、忙しすぎる人は感覚的にはわかっているとは思いますが、出退勤管理は、時間というデータも見ながら、業務量の調整をしたり、業務や健康の相談にのったりするためにあります。決して教育委員会から出せと言われたからやっているのではありません。

79

ぼくは、校長向けの講演や教職員研修のとき、**タイムカード等は "体重計" のようなもの**だとお話しします。ダイエットしたい人で体重計にのらない人はいませんよね？　これと同じ理屈で、正確なモニタリングをしようということです。

ただし、体重計にのっただけではダイエットにならないのと同様、業務や行事の見直しなど、学校の仕事を減量させていく努力も同時に必要です。

3つ目の理由。これは、日本中の教師（公立だけでなく、国立、私立にも）にお伝えしたい。万一、過労死や精神疾患などの病気となったとき、正確な記録がないと、あなたの家族や恋人がもっと悲しむことになります。

実際、過労死の疑いがあり、裁判で10年前後争っているケースもあります。なぜ揉めるのかといえば、学校には正確な出退勤記録がないために、本当に働き過ぎのせいだったのか立証が難しいからです。万が一のときの公務災害認定や労災認定のためにも、自己申告だろうがタイムカード等だろうが、正確な記録は必須です（客観性の高いタイムカード等のほうが望ましいですが）。

出退勤管理は、働き方改革や業務改善に向けた初歩中の初歩です。体重計にのるというだけ。この**体重計すらくるっていたら、どうしようもありません。**

■労働安全衛生体制を整えて、チームとしてフォローする

大事なのは労働基準法だけではありません。労働安全衛生法にも注目です。

しかし、以下に引用するとおり、**かなりの数の学校では、労働安全衛生法が求めることを満たせていません。**教育委員会も校長等ももっと危機感をもたなければなりません。

第4章 原則1 法令とガイドラインに沿った働き方に変える

　労働安全衛生法では、事業場の業種・規模等に応じて、労働安全衛生管理体制整備の観点から事業者が講ずべき措置が定められている。しかし、このように各事業場の規模によって義務付けられた体制整備について、特に小・中学校においては、整備率が9割程度（産業医については8割程度）にとどまっているのが実情である。（中略）

　労働時間が一定時間を超えた者や高ストレス状態にある者等に対する医師による面接指導は、規模を問わず、全ての事業場において行うことが義務付けられている。

　これらの健康の保持増進のための措置についても、例えば面接指導体制の整備状況については、特に小・中学校において、教職員50人以上の学校で9割程度、50人未満の学校では7割程度にとどまっている（中略）。

　労働安全衛生法に基づき義務付けられている労働安全衛生管理体制の未整備は法令違反であり、一部の規定を除いては罰則の対象となる。学校の設置者においては速やかに、法令上求められている体制の整備を行わなければならない。また、法令上の義務が課されていない学校においても、学校の設置者は、可能な限り法令上の義務がある学校に準じた労働安全衛生管理体制の充実に努めるべきである。（pp.22-23）

　第2章の「Why 働き方改革？」を思い出してほしいと思います。教師の命がかかっていることです。労働安全衛生法に定める最低限のことは、すべての学校でできている状態にならないといけません。

　併せて、教職員のメンタルヘルスについては、養護教諭の役割が高まっていますが、養護教諭の負担軽減を進めることも不可欠です。健診データの入力や怪我の給付金などの事務の一部はサポートスタッフ等が分担できるようにすること、また、生徒指導事案や保健室

登校が多い学校には生徒指導担当教諭や養護教諭を加配することなどが必要だと思います。

　職場でお互いを気遣い、体調不良などの問題をなるべく早期に気づけるようにならないと、長時間労働と人材育成の危機の悪循環は、さらに悪化してしまいます。

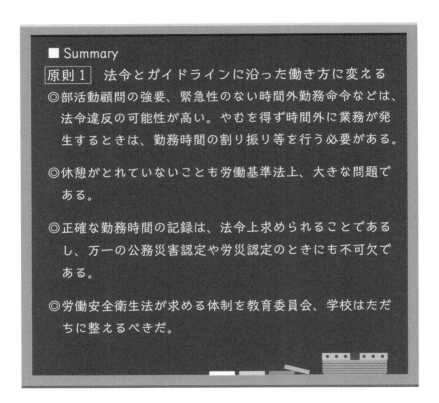

■ Summary
原則1　法令とガイドラインに沿った働き方に変える
◎部活動顧問の強要、緊急性のない時間外勤務命令などは、法令違反の可能性が高い。やむを得ず時間外に業務が発生するときは、勤務時間の割り振り等を行う必要がある。

◎休憩がとれていないことも労働基準法上、大きな問題である。

◎正確な勤務時間の記録は、法令上求められることであるし、万一の公務災害認定や労災認定のときにも不可欠である。

◎労働安全衛生法が求める体制を教育委員会、学校はただちに整えるべきだ。

第5章

原則2

時間に価値を置いた働き方を
評価する

■演習問題＃5　どんな教師がいい先生？

　中学校の社会科の先生（アラフォー）2人に登場してもらいました。

　A先生は、放課後遅くまで仕事熱心。宿題等へのコメント書きも丁寧です。

　土日は主顧問を数年来担当しているサッカー部の練習試合や大会をよく組んでいます。平日はほとんど毎日、朝練と放課後で2〜3時間前後、熱血指導します。

　授業は、ことさら悪いというわけではないのですが、覚えさせること、知識を教えることにかなり重きを置いた、自身の若い頃からのスタイルを続けています。高校入試にはある程度有効なようですが、生徒の中には歴史＝暗記物として、キライになっている子もいるようです。

　実際、朝練の後の歴史の授業は眠いという子もちらほら……。

＊

　B先生は、文芸部の顧問ですが、土日はやりません。同僚からは"あいつだけラクしてる"と陰口を言われることもあります。

　休日には趣味の旅行によく出かけ、全国の史跡めぐりをしています。本もよく読んでいて、最新の歴史学の知見にも詳しい様子。20年前の常識は今日の有力説では否定されている、なんてことはザラです。

　授業では、旅行中に撮った写真や動画も活かして、生徒を引きつけます。知識ももちろん大事ですが、好奇心を高めることが第一と考えています。いつもというわけにはいかないのですが、簡単な答えのない問いについて考えさせるグループワークもよくやっています。先日は、"あなたが戦国大名だったら、どんなこと

第5章 原則2 時間に価値を置いた働き方を評価する

に取り組むか"でした。

　こういう授業で寝ている子はいません。

*

【問1】あなたは、A先生とB先生、どちらがいい先生だと思い
　　　ますか。（読者が教師なら）あなたはどちらのタイプに近
　　　いですか。

【問2】職場での人事評価や保護者からの評判として、どのよう
　　　な先生が評価されていますか。A先生とB先生のちがい
　　　を参考にして、あなたの周りの人から聞き取ってみましょ
　　　う。

■世の中の多くはトレードオフ

　ちょっと極端な例だったかもしれませんが、みなさんはどう考え
ましたか。

　ぼくは何度かこの演習問題を研修中にやってもらったことがあり
ます。多くの教師が言うのは、双方によさがあるという話です。A
先生のように部活動や宿題へのコメントも丁寧にやりたいし、B先
生のように好奇心を育む授業もしたい、と。

　この気持ちはよくわかりますし、「子どもたちのためならば」と
一生懸命になることは悪いことではありません。ですが、それは第
2章で解説した長時間労働の悪影響が大きく出ない限りにおいて、
という条件付きです。あれもこれも手を出して大丈夫でしょうか。

　現実には先生たちの体力・精神力とも無尽蔵ではありません。個
人差はありますが。

　さて、個人差がないもの、誰にとっても同じくらいの限界があり
ます。何でしょうか。

　当たり前の話ではありますが、それは「時間」です。A先生のよ

85

うにもやりたいし、B先生のようにもやりたいという方には、「本当にそれほどの時間があなたにはあるのでしょうか」「たとえば、週末部活動に多くを費やしては、別のことができなくなりますよね」という話をします。

　経済学の概念で日常生活でも仕事でも役立つものを2つほど紹介しましょう。
　ひとつは「トレードオフ」（Trade-off）。日本語でいうと、「あちらを立てればこちらが立たず」に近いですね。もちろん両立できればそれにこしたことはないかもしれませんが、現実の世界ではなかなかそうはいかず、トレードオフなことは多いと思います。
　たとえば、今の中学生や高校生の多くは、スマホやゲームなども相当やっていますから、早朝の部活動や補習があると、睡眠時間を犠牲にする子は少なくありません。これもトレードオフです。

■機会費用はとても役立つ考え方

　もうひとつは、「機会費用」（Opportunity Cost）です。他のことをすれば得られたであろう利益のことを指します。ちょっととっつきにくいのですが、たとえば、大学にいくことのコストは何でしょうか。学費がかかる、生活費もかかる、そういうことですよね。ここに機会費用というレンズを通すともうひとつ思い当たります。それは、大学に行かずに就職していたら得られたであろう収入です。
　このように、何かをすれば、別の機会を逃すことになる、この遺失利益のようなものもコストと考えるわけです。やや近いことわざで言うと「逃した魚は大きい」でしょうか。
　A先生は放課後にコメント書きや部活動指導に熱心です。これが一概に悪いとは言えませんが、そういう活動に従事したために、授業準備ですとか、B先生のように趣味を兼ねて見聞を広めることで

第5章　原則2　時間に価値を置いた働き方を評価する

すとか、そういう機会が失われているわけです。

　この機会費用は、時間というのは有限であるというごく当たり前の事実を再確認させてくれます。機会費用を意識することで、限られた時間をより豊かに過ごすことができるようになるかもしれません。

　演習問題からは少し離れますが、学校では機会費用の概念やコスト感覚がないなと思うことは多々あります。たとえば、校長や教頭がコピー機や印刷機の前に立って作業しているという風景は、学校ではありふれたものかもしれませんが、普通の企業では社長や部長はそういう作業はやりません。人件費がもったいないと考えます。あるいは、社長や部長（校長や教頭）にその10分なりがあるのであれば、その人でないとできない、別のことに時間を使えるという発想をします。

■**教師にとっても、児童生徒にとっても、時間は有限のリソース**

　働き方改革の中教審答申の中で、頻出するキーワードがあります。それは、「時間が最も重要なリソースのひとつである」という記述です。

　学校における働き方改革は、**教師にとっても子供にとっても重要なリソースである時間を、優先順位をつけて効果的に配分し直す**ことにより、子供たちに対して効果的な教育活動を行い、子供たちの力を一層伸ばすようにすることである。(p. 8)

　学校における働き方改革を進めていくためには、校長をはじめとした管理職のマネジメント能力は必要不可欠である。（中略）（引用者注：管理職の）登用等の際にも、教師や子供たちにとって重要なリソースである時間を最も効果的に配分し、可能な限り

87

短い在校等時間で教育の目標を達成する成果を上げられるかどうかの能力や働き方改革への取組状況を適正に評価するとともに、そのマネジメント能力を高めていくため、働き方に関する研修の充実を図り、学校の教職員の働き方を変えていく意識を強く持たせることが重要である。(p.26)

　学校及び教師が担う業務の明確化・適正化は、社会に対して学校を閉ざしたり、内容を問わず一律にこれまでの業務を削減したりするものではない。むしろ逆であり、１．で述べた学校における働き方改革の目的を踏まえ、教師や子供たちにとって重要なリソースである時間を最も効果的に配分する中で、社会との連携を重視・強化するものである。(p.29)

（上記以外で出てくる箇所もあるが、省略。）

　「リソース」とカタカナで書く必要があるかどうかは疑問ですが、何度も出てきますね。要するに、時間は貴重な資源という意味でしょう。

■ラスボスはだれ？

　ふつう、経営資源と言うと、人、モノ、カネ、情報などをあげる人が多いと思います。民間企業の代表取締役（社長など）であれば、人事権もあるし、ある程度自由にモノを買ったり、カネをどこに使うかを決めたりできます。部長や課長も、社長ほどではないにせよ、そうしたものに一定の権限移譲がなされていますよね。

　ところが、学校では、校長のもつ人事権は限られますし（人事評価はしますし、教育委員会に対して異動等の意見の申し出はできますが）、予算の自由もそうありません。要するに、校長が動かせる経営資源というのは限られているわけです。

ですが、校長には教育課程の編成をはじめとして、個々の学校での教育活動の内容について広範な権限があることも事実です。また、校内での人事、教職員の役割分担なども教育委員会が口を出すことではなく、校長権限です。

2018年2月、名古屋市立中学校で前川喜平・前文部科学事務次官が講演した授業の内容について、文科省が事細かく調査していたことには、多くの批判が寄せられました。批判のひとつは、国による不当介入だというものです。これも、戦前の反省を踏まえて、法令や学習指導要領に反しない限りは、各学校に個々の教育活動についての権限があることを踏まえた指摘です。こういう側面では、文科省は、世間一般のイメージと異なり、そう強いわけではありません。

話を戻しましょう。すべてが校長のせいではないとはいえ、校長の思いと腕次第で、教職員の業務量やかける時間はかなりちがってきます。時間というリソースを動かすことができるわけです。

例をあげると、運動会を午前開催だけにして準備はもっと簡便にしよう、少子化に伴い○○部の部活動は休止にしよう、国や県の研究指定校等は受けずに、日常的な授業準備や研修のほうに精を出そうなどは、すべて校長権限で決められることです。ここに注目して、答申でも、働き方改革における校長の役割についてはたいへん強調していますし、「時間が重要なリソース」だと何度も言っているわけです。

校長にこうした権限があるとされているのは、学校教育法37条に「校長は、校務をつかさどり、所属職員を監督する」と規定されており、「校務をつかさどる」とは、学校の業務に必要な一切の事務を掌握し、処理（調整・管理・執行）する権限と責任を持っていることと通常は解釈されているからです。

ぼくはよく講演で「ラスボスは文科省でも教育委員会でもない。校長だ」と言っています。

※ラスボスはドラクエなどのゲームで出てくるラストの敵の親玉のことです。

■あれもこれもやりたいという人には"温泉理論"

　たとえ話が続きますが、ぼくは、よく温泉旅行を例にします（遊び心で"**温泉理論**"と呼んでいますが、だいそれた理論ではございません）。

　読者のみなさんが今日温泉地に旅行に来たとしましょう。あと半日自由時間があります。目の前には魅力的な温泉がたっくさん。松の湯は肩こりに効きます。竹の湯は疲労回復効果が抜群です。梅の湯は美容によくて、スベスベのお肌に。などとそれぞれに素晴らしい効用があるとしても、1日に4つも5つも温泉につかったらどうなりますか？

　のぼせてしまいますよね。つまり、**効果だけを強調して意思決定したり、運営したりするということでは不十分だし、危険**なのです。負担や時間のことも考えなければいけません。

　こんな基本的なことは、旅行をするときなら当たり前です。ですが、なぜか、学校現場や教育行政のこととなると、「子どもたちのために」という思いや声で、負担や時間を考慮する重要性がかき消されてしまうのです。

　教師一人ひとりの生き方、働き方としても、また各学校が行う教育活動としても、それらはすべて、時間が限られている中で、**児童生徒のためになるものの中から選択**していかなくてはなりません。

第5章 原則2 時間に価値を置いた働き方を評価する

■教師の本業は何か

演習問題に戻ります。A先生は、どこにでもいそうなタイプではないでしょうか？

A先生のように、部活動指導や宿題等のコメント書きに熱心なことをぼくは否定したいのではありません。しかし、よく考えたいのは、時間というリソースが限られているなかで、本当にそこの優先度が高いのか、生徒にとっても教師にとっても時間をかけ過ぎてはいないか、というクエスチョンです。

中学校や高校の教師の中には、「部活動指導をやりたいから教師になった」という人も少なくありません。動機は人それぞれで構いませんが、取りちがえてほしくないと思うのは、「あなたはサッカー部の顧問として雇われたのではありません。社会科の教師として雇われているんです」ということです。

ある市の教育長と懇談しているとき、「部活動指導だけやりたい人は、どうぞ教師を辞めて、部活動指導員や外部コーチになってください」と言っていました。

教師の本業は何か、ということに関わります。A先生の場合は、肝心の授業に関する知識やスキルがアップデートされていない様子です。これでは、本業がおろそかになっているといえるのではないでしょうか。

関連する実話を紹介しましょう。先日、ある中学校長がこんな話をしてくれました。「最近は、教職経験5年未満などの若手の先生が増えた。校長や中堅教員がメンターとなって、授業を見てアドバイスをしたり、悩みの相談にのったりしている。今年はこの研修会を6回やりたいと思っていたが、部活動指導も忙しくて、先生方がなかなか集まれず、3回しかできなかった」。

91

読者のみなさんはどう思いますか。「まあ、ありがちなことだよね」という感じでしょうか。

ぼくは、次の趣旨のことを指摘しました。「年に6回やるのがいいかどうかはわかりませんが、部活動のせいで、先生たちの人材育成の場が犠牲になるというのはオカシイですよ。本末転倒というやつです。たとえば、寿司職人の見習いが握り方の練習をしたり、包丁を研いだりする時間をとらずに、お客様との懇親になるからと言ってゴルフにばかり行っていたら、どう思いますか」。

■刃を研ぐ

大ベストセラーの『7つの習慣』というビジネス書では、7つ目の習慣として、「刃を研ぐ」ということを提案しています[26]。要するに自分を磨くということなのですが、次のストーリーがわかりやすいと思います。

森の中で、必死で木を切り倒そうとしている人に出会ったとしよう。

「何をしているんです?」とあなたは聞く。

すると男は投げやりに答える。「見ればわかるだろう。この木を切っているんだ」

「疲れているみたいですね。いつからやっているんですか?」あなたは大声で尋ねる。

「もう五時間だ。くたくただよ。大変な仕事だ」

「それなら、少し休んで、ノコギリの刃を研いだらどうです?そうすれば、もっとはかどりますよ」とあなたは助言する。す

＊26　スティーブン・R・コヴィー『完訳　7つの習慣　人格主義の回復』（フランクリン・コヴィー・ジャパン翻訳）キングベアー出版（2013）

第5章 原則2 時間に価値を置いた働き方を評価する

ると男ははき出すように言う。

　「切るのに忙しくて、刃を研ぐ時間なんかあるもんか！」

　読者のみなさんもおわかりかと思いますが、ノコギリの刃を研いだら、もっと効率的に仕事が片付くはずなのに、その暇がないんだよと言って、目の前のことに集中する。

　これって、学校の先生たちにもありませんか？

　先ほどの寿司職人の話もそうなのですが、自分の能力やスキル、精神力を磨いておく時間を大切にしたいですよね。

■部活動はハマりやすいから要注意

　部活動では、生徒たちの成長する姿を見て、感動するシーンに立ち会うことができます。これは教師冥利に尽きるというものです。しかし、だからこそ、部活動は、**教師も生徒もハマりやすいがゆえに、よくよく注意が必要ですし、活動時間などに一定の制約が必要**です[27]。

　とりわけ、若手のうちは、授業準備などの本務を差し置いて部活動にのめり込む教師がいることも問題です。これは、授業で生徒を引きつけるよりも、部活動指導のほうがやりやすいというケースもあるからです。ある特定の生徒にとっては、部活動のほうがその先生とは長く付き合いますし、スポーツ等を通じて成長も実感しやすいのですから、先生の言うことを授業以上によく聞くわけです。

　中教審で働き方改革を議論しているとき、ある大学教授の委員が「若手3年目までくらいは、しっかり授業準備に時間を使ってもらうため、部活動顧問をさせないという選択があってもよい」という

＊27　内田良『ブラック部活動　子どもと先生の苦しみに向き合う』東洋館出版社（2017）の帯には、「楽しいから、ハマる」とあります。

93

話をしました。ぼくはこの意見に共感します。「刃を研ぐ」ほうが
大事だからです。

■部活動はアクティブラーニングや生徒の主体性を引き出す場

　しかしながら、話はそう単純ではありません。ここが教育や学び
の難しいところでもあり、おもしろいところでもあります。

　ここまで、ぼくは部活動について、教師の本業である授業とその
準備とは別個のものであり、授業の力量を磨くこととは別のものと
捉えて説明してきました。しかし、必ずしもそうとは言えない側面
もあるのです。

　神谷拓准教授（宮城教育大学）は、教師は授業や授業外（学級活
動や行事等）での指導の専門性を部活動の指導に活かしたり、試し
たりできるのであり、「そのような教育課程外・課外活動における自
主的な挑戦は、結果として教師の専門性を磨いていくことになる」、
つまり、「部活動は自主研修の場になり得る」と述べています[28]。

　たとえば、おそらくこういうことだと思います。運動部でも文化
部でも構いません、そのスポーツや文化活動等についてどうしたら
うまくなれるだろうか、またうまくチームワークよく取り組めるだ
ろうか、と生徒が問いを立てて、考え、議論して試していきます。
そういうアクティブラーニングを教師は支援、伴走します。そこで
教師はどうしたら生徒の主体性を引き出せるか、どのような支援が
効果的かなどを学んでいきます。こうした一連の部活動指導を通じ
て得たものは、教師にとっても、生徒にとっても、授業や行事など
でも活きてくるはずです。

　つまり、**部活動はアクティブラーニングなどの格好の実践の場に**

＊28　神谷拓「部活動の存在理由―学校、子ども、教員の観点から―」日本部活動
　　学会研究紀要第1号（2018年10月）。

なりえるわけです。

こういう観点に立つと、部活動の時間が教師の自己研鑽に役立っていない、と断じることはバランスを欠いた批判ということとなるでしょう。

とはいえ、あまりにも部活動が長時間になり、授業準備が疎かになるようではやはり本末転倒というものです。また、現実には部活動がアクティブラーニングや主体性を引き出す場とは十分になっておらず、顧問や監督・コーチの指示に従わせて大会、試合等に勝つことを重視する運用となっているケースもあります[29]。

部活動が教師の自主研修の場として、授業等ともうまく相乗効果を発揮していくためにも、やはり、ある程度の短時間で頑張っていくということは大事にするべきだと思います。

■ "メシ・風呂・寝る" だけの生活では、豊かなアイデアは生まれない

出口治明さん（立命館アジア太平洋大学学長）は、もともと生命保険業界の民間人ですが、その博識が買われて学長に転身した、非常にユニークな方です。出口さんは日本人の**生活の基本を「メシ・風呂・寝る」から「人・本・旅」に切り替える必要がある**、と提案しています。

大量生産してモノが売れていた時代では、たくさん働いて、たくさん生産してもらうことが望ましい働き方だったかもしれません。しかし、サービス産業では、いいアイデアやサービスを生み出すには、**「さまざまな経験を積んで、発想力や柔軟性を養うことが大**

---

* 29　大学やプロのスポーツでも、パワハラ問題やラグビーでの悪質タックルの強要などの問題が次々と起きています。学生や選手の自主性、主体性を損ねているという観点からも問題視されるべきだと思います。

切」です。「仕事を早く終えて、人に会ったり、本を読んだり、ときには旅したりと、脳に刺激を与えないと、画期的なアイデアは生まれないでしょう」*30。

　この指摘は、学校の先生にもよく当てはまると思います。「自分と向き合う時間」のために働き方改革を進めると述べたのは、こういう理由からです（第3章）。

■長く残っている人、時間をかけていることが
　評価されていないか

　演習問題に戻ります。学校ではどうでしょうか。ひょっとして、B先生よりもA先生のほうが評価されている、ということはありませんか？　校長の人事評価でも、あるいは保護者等からの評判としても。

　もちろん、このエピソードだけでは一概にA先生とB先生、どちらを評価するべきと断定はできません。ですが、少なくとも、授業の質という意味では、B先生のほうに軍配が上がりそうです。

　ですが、どうしても人は、外形的にわかりやすいもので評価してしまう癖があります。A先生のように朝早くから夜遅くまで熱心に頑張っている、土日も部活動指導をして生徒を成長させてくれている、そういう先生をあなたの職場でも、また保護者等の見方としても、"いい先生"としてきたのではないでしょうか。

　しかも、自分と似ている人のことのほうを高く評価する、平たくいえば「かわいいヤツだな」と思いやすい、校長等もいます。今の校長等の中には、若い頃、部活動の熱血指導をしてきた人や遅くまで添削等で学校に残っていた人もかなりいるでしょう。しかも、そ

＊30　出口治明『知的生産術』日本実業出版社（2019）

第5章 原則2 時間に価値を置いた働き方を評価する

れで教育上よかったという成功体験をもっている人もいます。その感覚でいくと、Ａ先生のほうを評価しやすくなるのだと思います。

答申でも次の記述があります。

> 教職員一人一人が業務改善の意識を持って進めるために、人事評価についても、同じような成果であればより短い在校等時間でその成果を上げた教師に高い評価を付与することとすべきである。（p.26）

国がここまで具体的に突っ込んで提案するのはかなり珍しいのではないかと思いますが、これは、遅くまで残っている人を評価する風土、価値観を変えていこうという中教審からのメッセージでもあると思います。

答申素案へのパブリックコメントでは、次の意見がありました。

○勤務時間が管理されていないが故にダラダラと仕事をしている者や、長時間働くことが美学であるとの意識を持っている者もいる状況では、働き方改革は進まない。管理職や教師の人事評価の観点からアプローチすることで意識改革を促すことが有効。長時間勤務をしている教師を高く評価する傾向があるが、自らの創意工夫で勤務時間を短縮しつつ成果を上げる教員も評価すべき。

○働き方改革を推進しない管理職は厳しく評価すべき。業務を削減し勤務時間をいかに減らせたかを評価の対象とすることで、上限ガイドラインの実行化を目指してほしい。

出典）「『新しい時代の教育に向けた持続可能な学校指導・運営体制の構築のための学校における働き方改革に関する総合的な方策について（答申素案）』に関する意見募集の結果について」、学校における働き方改革特別部会資料（2019年1月11日）

ぼくたちが使える時間は有限ですから、時間対効果を大事にする意識、認識を人事評価でも高めていくことは必要だと思います。

■時間対効果をうまく評価できるのか

　とはいえ、ここのくだりには、強い反対意見があることも留意したいと思います。前述のパブリックコメントでは、次の意見もありました。

●人事評価を活用した教職員の意識改革部分の記述については、教職員の自己責任が問われ、長時間過密労働の要因を個々の教職員の意識や能率に矮小化するもの。さまざまな教職員の協力・協働で成果を上げていく学校現場にはなじまない表現であると思われるので改めるべき。

●人事評価により意識改革を促すことは重要だが、教師の業務においては、様々な子供に対応するため、同じような成果であっても単純に時間を比較することは難しい。また、「可能なかぎり短い在校等時間」での成果を評価するあまり、業務の持ち帰りが増えたり、在校等時間を短く記録したりするようなことが起きないよう、業務の削減を併せて実施することが重要。

出典）前掲と同じ

　もっともな指摘、懸念であると思います。働き方改革、ならびにその一環での人事評価の見直しが、かえって教職員のチームワーク、協働性にマイナスになるようではいけません。むしろ、教職員のチームワークをよくしていくことが長時間労働の削減にも、教職員が楽しく働くためにも不可欠です（第7章でも扱います）。

　また、勤務時間の上限についてのガイドラインでの留意事項にあ

第5章 原則2 時間に価値を置いた働き方を評価する

るとおり、働き方改革を進めることで、かえって持ち帰りなど、「残業の見えない化」が進むことは厳重に警戒しておきたいことです（第1章の大まちがい④）。

こうした問題は、人事評価で在校等時間や残業時間など限られた指標のみをもとに進めると、起きやすいです。「学校や教育委員会としてはそこしか見ないのね」「それだけが大事なのね」と狭く解釈する人が出てくるからです。

では対策としてはどうするか。ここでは3点提案します。

第一に、そうした**限られた指標だけでは評価しない**ということです。今回指摘のあった反対意見の多くは、結果だけでなく、プロセスも見るようにすることでだいぶ防ぐことができます。たとえば、いくら短時間で成果をあげているように見える人でも、校内のチームワークを犠牲にしたようなやり方をしていないかなどは、校務分掌での働きぶりを観察したり、本人と同じ学年を組んでいる先生から聞き取ったりすることで、ある程度把握できます。つまり、残業時間などの結果指標だけなく、チームワークよく仕事ができたかなどのプロセスも評価する制度と運用にするのです。

第二に、校長、副校長・教頭と教職員が人事評価の面談のとき以外も、もっとコミュニケーションをとることです。

事細かく管理職がチェックするのはマイナスも大きいと思いますが（「マイクロマネジメント」と言われて、部下の創造性や生産性を下げると経営学では指摘されています）、自宅等でのシャドーワークが増えていないかについて、本人が今取り組んでいることの内容や一定の成果物を時々確認すれば、だいぶ見えてくるのではないでしょうか。

なお、**勤務時間の上限に関する国のガイドイラン**では、テレワー

ク等も含めて在校等時間として勤務時間にカウントするとしています。「Why タイムカード？」についても思い出していただき、正確に勤務時間の実態を把握していくことがいかに大事かということを、教職員でよく共有することから始めましょう。

　会社員や一般の公務員とちがって、教師の残業はかなり特殊です。学校では、上司（校長や教頭）に「今日はどうしてもこの業務のために残業が必要です。していいですか？」などを確認することは通常ないからです。

　これは、教師の裁量や創造性という意味ではプラスです。ですが一方で、過労死等の健康リスクをおかしてまで無定量に頑張ってしまう人や、生産性、言い換えれば、時間対効果を過小評価した働き方を広げてしまうことにもつながりかねません。マイクロマネジメントになることは避けつつも、校長等は、教職員の様子を時々見守っていくこと、また悩みを聴いていくことを大事にしたほうがよいでしょう。

　第三に、試行と検証・改善を経て導入するべきであり、評価者の能力や評価の妥当性、納得感が高まっていないうちは、処遇（勤勉手当や昇給等）とダイレクトにつなげることには慎重になったほうがよいと考えます。

■管理職には部下からのフィードバックも不可欠

　働き方改革の推進をめぐって、やはり鍵となるのは校長をはじめとする学校の管理職です。あるとき中教審の場でも「働き方改革の実効性を左右するものは何か。それはヘボい校長をどうするかにかかっているでしょう」とぼくは発言しました（隣に座っていた校長経験者の委員は、あまりにもぼくがストレートに言ったためか、笑っておられました）。

第5章 原則2 時間に価値を置いた働き方を評価する

　問題のひとつは、校長がしっかり役割を果たしているかどうか、学校の外からは見えづらいということです。教育長が校長の人事評価をする自治体が多いようですが、教育長は必ずしも個々の学校の事情に詳しいわけではありませんから、かなりムリのあることだと思います（よほど小規模な自治体は別でしょうが）。ともすれば、校長はワンマン経営、あるいは"裸の王様"になりかねません。

　ぼくは、**部下からのフィードバック調査を学校でも導入するべき**だと、中教審で提案しました。働き方改革だけのためではなく、校長の組織マネジメントがうまくいっているかを確認するための調査です。なぜなら、校長のパフォーマンスは教育長や教育委員会ではなく、部下が一番よく知っているからです。

　企業でも、部下からのフィードバック調査を行っているところはかなりあります。一例として、世界的な企業であるGoogleも、こういう仕組みを大切にしています。ただし、Googleもそうですが、人事評価とは切り離されたものとしていることが、ひとつのコツです。評価や処遇とダイレクトにつなげると、部下におもねる管理職がでてきかねないことや、部下のほうも忌憚のない意見を出しにくくなったりする危険性があるからです。

　中教審の答申では、こう書かれています。

　校長をはじめとした管理職について、（中略）同僚や部下、近隣校の管理職等から状況を聴取した上で改善すべき点があれば本人にフィードバックするなどマネジメント手法を改善する仕組みを設けることも積極的に進めるべきである。（p.42）

101

■ Summary

原則2　時間に価値を置いた働き方を評価する

◎教師にとっても、児童生徒にとっても、時間は有限のリソース。教育効果があるからという理由だけでゴーサインを出してはいけない（"温泉理論"を思い出そう）。

◎教師の本業である授業をより魅力的なものにするためには、「メシ・風呂・寝る」な生活スタイルから「人・本・旅」の時間を大切にしていく必要がある。部活動の意義は大きいかもしれないが、やり過ぎには注意。

◎遅くまで残っている人など、外形的なところを重視した人事評価は改めるべき。時間対効果やチームワークも大事にしていきたい。

◎働き方改革の成否に校長の影響は大きい。"裸の王様"にならないように、フィードバックの仕組みを設けるべきだ。

第6章

原則3

「先生がやって当たり前」を
仕分ける

■演習問題＃6　これって先生がやることですか!?

　次の図は、英国の教育雇用省が出した「教員がしなくてよい業務」リストです。

図　1998年2月に英国の教育雇用省が通知で示した「教員がしなくてよい業務」

(2)　指導の仕事	(3)　指導計画・調整の仕事	(4)　学校運営・事務の仕事
・教員の補充業務 ・試験監督 ・個別のアドバイスの提供	・欠席確認 ・出席状況の分析 ・試験の運営業務 ・試験結果の分析 ・大量の印刷 ・文書作成 ・標準的な通信文の作成 ・記録とファイリング ・教室の掲示物の掲示 ・児童生徒のレポートの整理 ・職業体験学習の運営業務 ・児童生徒データの管理 ・児童生徒データの入力 ・学級のリストの作成	・集金 ・コンピューター等のトラブル対応及び修繕 ・ICT機器の新設時の委託業務 ・物品の注文 ・物品の在庫管理 ・物品の分類，準備，配布，管理 ・会議の議事録等の作成 ・入札のコーディネートと文書提出
直接的教育活動	間接的教育活動	

植田みどり「イギリス」（国立教育政策研究所『諸外国の教員数の算定方式に関する調査報告書（研究代表者：大杉昭英 初等中等教育研究部）』2015年）で示された項目を便宜的に分類。

出典）中央教育審議会「新しい時代の教育に向けた持続可能な学校指導・運営体制の構築のための学校における働き方改革に関する総合的な方策について（答申）」参考資料集

　こうして明確に言ってもらうとわかりやすいですね〜。出欠状況の確認や印刷、データ入力、集金、ICT機器のメンテナンスなど、事務的なもの、間接的教育活動が多くリストアップされていますが、試験監督や個別のアドバイスなど直接的教育活動にも踏み込んで、教師の仕事を減らそうという姿勢にも注目したいところです。

　では、問いです。このリストを参考にしつつ、あなたの学校（勤務している学校やよく知る学校）において、今、教師（教

員）がやっていることをリストアップしたうえで、次の３パターンに仕分けてみてください。

①そもそも学校のやるべきことではない。家庭や地域、行政、法人等（国立・私立学校の場合）の役割である。
②学校の仕事には入るが、教師がやらなくてもよい。教師以外のスタッフ等が担うこともできる。
③教師の仕事だが、やり方はもっと工夫、改善できる。
④教師の仕事で、かつ、現状のやり方でほぼ問題はない。

■今の役割分担ややり方がベストとは限らない

　もちろん、外国でこうだからと言って、日本の学校がそうあらねばならない、とは限りません。とはいえ、**日本の学校の当たり前を捉えなおす**うえで、英国のリストから参考になることも多いように思います。

　どうでしょうか。リストアップと仕分け、やってみましたか？

　一時期、国でも事業仕分けというのが流行りましたね。あれと似た発想です。今の業務が本当に必要かどうか、必要だとしても役割分担は適正かどうか、さらには、もっとよい（効率的な、あるいは質の高い、時間対効果の高い）やり方はないかなどを検討していきます。

　全国的にどの学校でもほぼ共通して見られる業務もあれば、学校種によるちがいや、地域、学校ごとのちがいもあるでしょうね。たとえば、児童生徒の昼休み中の見守りや一緒に遊ぶといったことは、小学校の先生は自分の役割のひとつと考えている人も多いでしょうが、中・高ではほとんどありません。学校行事や補習については、かなり地域色もあるようです。

図表6-1　これまで学校・教師が担ってきた業務についての今後の方向性

基本的には学校以外が担うべき業務	学校の業務だが、必ずしも教師が担う必要のない業務	教師の業務だが、負担軽減が可能な業務
①登下校に関する対応	⑤調査・統計等への回答等（事務職員等）	⑨給食時の対応（学級担任と栄養教諭等との連携等）
②放課後から夜間などにおける見回り、児童生徒が補導された時の対応	⑥児童生徒の休み時間における対応（輪番、地域ボランティア等）	⑩授業準備（補助的業務へのサポートスタッフの参画等）
③学校徴収金の徴収・管理	⑦校内清掃（輪番、地域ボランティア等）	⑪学習評価や成績処理（補助的業務へのサポートスタッフの参画等）
④地域ボランティアとの連絡調整	⑧部活動（部活動指導員等）	⑫学校行事の準備・運営（事務職員等との連携、一部外部委託等）
※その業務の内容に応じて、地方公共団体や教育委員会、保護者、地域学校協働活動推進員や地域ボランティア等が担うべき。	※部活動の設置・運営は法令上の義務ではないが、ほとんどの中学・高校で設置。多くの教師が顧問を担わざるを得ない実態。	⑬進路指導（事務職員や外部人材との連携・協力等）
		⑭支援が必要な児童生徒・家庭への対応（専門スタッフとの連携・協力等）

出典）中央教育審議会「新しい時代の教育に向けた持続可能な学校指導・運営体制の構築のための学校における働き方改革に関する総合的な方策について（答申）」

　中教審でも、こうした外国との比較や日本の法令などを検討した結果、これまで多くの学校で学校や教師の業務とされてきたものを仕分けました。その結果が**図表6-1**です。学校や教師にとって、かなり大きな負担となっている14の業務について扱いました。もちろんこれ以外の業務もあるのですが（後述します）、この14だけでも、検討するのはけっこうタイヘンでしたよ～。

　また、2019年3月18日には、文科省から各教育委員会向けに、「学校における働き方改革に関する取組の徹底について（通知）」が出されました。これは、中教審の答申を受けて、文科省から各教育委員会と学校が取り組むべきことを要請したものです。ここでも非常に細かく書かれていますので、答申とともにご覧ください。以下では、こうした動きも踏まえつつ、もう少し具体例を交えて解説します。また、通知などでは、どうしてそう考えられるのかという説明がやや不足していますので、そこも補強しますね。

第6章 原則3 「先生がやって当たり前」を仕分ける

■登下校中の安全は学校の責任ではない

最初に、登下校に関することはどうでしょうか。具体的には、教師が横断歩道に立って児童生徒の安全を呼びかけたり、集団下校に付き添ったりしている例があります。

通学途中の事故に関しては保険（災害共済給付制度）が適用されるため、通学路の安全確保は学校の責任だと信じている教職員が多いようですが、これは誤った認識です。学校保健安全法を確認すると、学校、教師の役割として、交通安全のルールを教えることや、保護者・警察等との連携は必要ですが、**通学中の見守りまでの責任があるとはされていません**。保険で対象となるということと、学校の責任かどうかは別問題ということです。

これは考えてみれば、ごく自然なことです。地域の交通安全は警察の役割ですよね。あるいは市役所や県庁等の道路管理者の仕事であって、学校の仕事ではありません。そして、日常的な児童生徒の通学の安全確保は保護者の役割ということになります。外国では、日本より治安が悪いので、保護者が送迎している例もあるようです。

仮に通学中の安全確保が学校の責務だとみなすと、毎日ずっと教職員の誰かが付き添わないといけない、なんてことになります。さすがにそれはムリだろう、そんなヒマがあるなら授業準備に充ててくれ、と多くの保護者も納得されるのではないでしょうか。

■清掃は強制ボランティア？

もうひとつの例は、掃除の時間。おそらく多くの公立小・中学校は約15分×5日＝週75分前後を掃除に使っていますが、極端な話、民間委託等も可能ですし、週2、3日に短縮することも考えられます。そして**学習指導要領のどこにも、「清掃は毎日必ずやりなさい」とは書いていません**。

107

教職員からは「外注なんて予算がないから、できっこない！」という反論もあるでしょう。しかし、市役所や県庁に一度でも掛け合ったことはあるでしょうか？　こう聞いてみてください。「市役所、県庁の職員さんはトイレ掃除とかしていますか？」

　学校くらいですよ〜、教職員と児童生徒の“無償労働”により、安上がりに済ませているのは。これは厳しい見方をすると、「行政の怠慢である」あるいは「本来自発的なボランティア活動を公権力で強制させていて、人権上問題である」との見方もできます[31]。

　ここまで解説しても、実は、清掃指導を学校や教師の役割から切り離すことに、一番抵抗するのは、当の教師自身だったりします。

　「清掃の時間には他人のために貢献したり、他の児童生徒と協力したりするトレーニングができる。心の教育になる大切な時間だ」との反論もあるでしょう。であるならば、道徳の授業時間に清掃活動を入れればよいのであって、掃除の時間が特段必要でしょうか。また、反論する方が言うような効果が本当に定着しているのでしょうか。週に1時間以上もかけただけの効果はあったのか、検証することが必要だと思います。

　ところで、日本の学校の伝統芸である、この清掃指導にはこんな批判もあります。「いまやホウキとチリトリだけで掃除している家庭なんて、ほとんどない。なのに、いまだ学校では掃除機すら使わない、前近代的だ。日常生活で使えない訓練をさせて意味があるのか。ルンバを学校に置いたらよい」。

　なるほどという主張ではありますが、これももう少し深く考える必要がありそうです。というのは、特に小学校は、災害時に避難所になることがあります。大災害のときは停電して、ホウキとチリト

＊31　憲法学の木村草太教授（首都大学東京）は、Twitter等で、掃除を強制するのは児童酷使ではないかと問題提起しています。

第6章 原則3 「先生がやって当たり前」を仕分ける

リの時代に戻ってしまうかもしれません。家庭であまりしないからこそ、学校で訓練しておく意味は一定程度ありそうです。

ですが、これも、防災をテーマとする総合的な学習の時間あるいは家庭科などで清掃の練習をやればよいことであって、毎日、修行僧のごとくやらせる必要性は乏しいと、ぼくは考えますが、いかがでしょうか。

ぼくは清掃指導なんて絶対にやめろと言いたいのではありませんが、これまでの学校の当たり前や慣習を見つめ直すことが大事だということは伝えたいと思います。

■**学校からは切り離してよいこと**

中教審の答申に話を戻すと、**図表6-1**の一番左、これは「基本的には学校以外が担うべき業務」と書いています。言い換えれば、学校からは切り離してよいという意味です。

登下校の安全については先ほど解説したとおりで、基本的には家庭や行政の役割です。答申でもこう明記されています。

　　通学路を含めた地域社会の治安を確保する一般的な責務は当該

地域を管轄する地方公共団体が有するものであることから、**登下校の通学路における見守り活動**の日常的・直接的な実施については、基本的には学校・教師の本来的な業務ではなく、**地方公共団体や保護者、地域住民など「学校以外が担うべき業務」**である。(p.61)

　ただし、学校は、安全指導等の観点から通学路の安全点検等を行う必要はあります。ブロック塀の点検などを自治体とともに行った学校も多いのではないでしょうか。

■ "夜回り先生" は教師である必要はない

　「②放課後から夜間などにおける見回り、児童生徒が補導された時の対応」についてはどうでしょうか。生徒指導で苦労している学校では、教師が夜間の見回りや補導された時の対応などを行っているところも多いと思います。

　答申ではこうしています。

　地域社会の治安を確保する一般的な責務は当該地域を管轄する地方公共団体が有するものである。また、**児童生徒の補導時の対応等については**、児童生徒の家庭の事情等により、やむを得ず教師が対応しているケースもあるが、**第一義的には保護者が担うべき**である。したがって、放課後から夜間などにおける見回り、児童生徒が補導されたときの対応は、基本的には学校・教師の本来的な業務ではなく「学校以外が担うべき業務」である。(p.62)

　もちろんケースバイケースであろうとは思います。たとえば、補導の例ではありませんが、児童生徒が何かの犯罪に巻き込まれて保護されたという連絡が警察から学校にありました。家庭とは連絡が

110

取れません。子どもは不安がっています。そんなときに学校、教師としては力になりたい、すぐにでも駆けつけたいと思うのは自然なことです。

ですが、あくまでも保護者の責任が第一であるという原則はしっかり押さえておきたいと思います。また、育児等の事情もあり、すべての教師が駆けつけられるとは限りませんし、学校の責任外で起きたことについて、子どもを保護するのは教師の義務ではないというところは共有しておきたいと思います。

高校教師だった水谷修さんは"夜回り先生"と呼ばれ、深夜の繁華街のパトロールを通して、多くの若者たちとふれあい、彼らの非行防止と更生に取り組みました。ぼくを含めて、感銘を受けた方は多いと思います。水谷先生が個人の使命感として行うのは何も否定されるものではないし、むしろ称賛されるものでしょうが、すべての教師が職務、責務として夜回り先生のようにならねばならない、というわけではもちろんありません（そんなことは水谷先生ご本人も望んでおられないと推察します）。やはり、パトロールは警察の役割であり、そこで届きにくいところは地域ボランティアやNPO等のできることとして捉えていくことになります。

関連して、たとえば、ある中学生が帰宅途中にコンビニで万引きをしました。それでなぜ、学校に連絡が来るのでしょうか。保護者が責任を取る話ですし、対応するべきです。修学旅行中なら話は別ですが。この手の例は学校にはたくさんあると思います。下校途中の交通マナーが悪い、夜遅くに公園付近でたむろしているなどのクレームなりお叱りの電話は、よく学校に来ます。が、これらも本来は家庭に第一の責任がありますよね。学校でも関連する指導や啓発はするとしても。

111

一朝一夕にはいきませんが、コンビニ業界などとも連携して、世間の視線、意識を変えていく必要があることだと思います。そこは文科省やメディア等がもっと頑張ってほしいところですし、ぼくも微力ながらYahoo!ニュースなどを通じて発信していきたいと考えています。

■給食費などのお金の扱いは、最低限にするべき

　先の演習問題では、会計的な事務をあげた方もけっこういるのではないでしょうか。教師の中にはお金を扱う仕事には苦手意識がある方や負担感を強く感じる方も多いですよね（ぼくもとても苦手です……）。

　ぼくの娘が通う公立小学校でも、時々茶封筒での集金があります。給食費は口座引き落としですが、教材費や修学旅行費などの集金です。毎回おつりが出ないように小銭を探すのは、親にとってもタイヘンでして……。

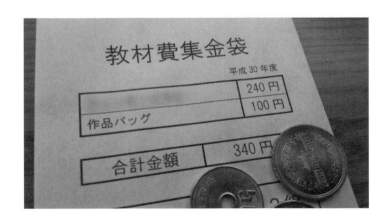

　給食費や教材費などは、広くは学校徴収金と呼ばれます。答申では、次のように述べています。

第6章 原則3 「先生がやって当たり前」を仕分ける

学校徴収金については、未納者への督促等を含め、徴収・管理を地方公共団体の職員の業務とすることで、学校の負担軽減を図りつつ、高い徴収率を挙げている例もある。(中略)

学校徴収金の徴収・管理については、基本的には学校・教師の本来的な業務ではなく「学校以外が担うべき業務」であり、**地方公共団体が担っていくべき**である。仮に、学校が担わざるを得ない場合であっても、地域や学校の実情に応じて事務職員等に業務移譲すべきであり、教師の業務とすることは適切ではない。

特に学校給食費については公会計化及び地方公共団体による徴収を基本とすべきであり、それ以外の学校徴収金についても、公会計化に向けた取組を進めるべき（後略）。(pp.62-63)

今の現状はというと、給食費を除く学校徴収金について、教育委員会事務局が徴収・管理業務を担っているところ（都道府県０％、政令市０％、市区町村3.1％）や首長部局が担っているところ（都道府県０％、政令市０％、市区町村0.2％）は、ほとんどありません。

学校が担っているところ、あるいはその他（おそらく口座振替などを指していると思われます）という回答がほとんどです（2018年４月１日時点）[32]。その他の回答の中身はさまざまですが、おそらく多くの教育委員会は、学校にお任せということと推察します。

答申では、上記のとおり、学校で行う必要はなく、自治体で担うべきとしています。個々の学校で行う意味はあまりないからです。

また、督促などは教師と保護者との関係をギクシャクさせてしまうこともあります。

＊32　文部科学省「平成30年度教育委員会における学校の業務改善のための取組状況調査結果」（2018年8月22日）

ある小学校教師経験者の方は、次のことをお話しくださいました。

　「金額が足りない児童は『誰かが取った（盗んだ）』みたいなことを言い出すことがあります。大概は、鞄の底などに落ちています。また、親が勘違いで、少ない額を入れてしまうこともあります。勘違いなので、親はちゃんと入れているつもりなのに、教室では全額がないとなると、場合によっては不信感が募ることにもなります」。

　このように、子ども同士や家庭と学校との間の不信感を招くことにもなりかねません。**現金を学校で扱う方式は、弊害やリスクのほうが大きい**と考えます。

　給食費については長野県塩尻市や千葉市が公会計化しています。公会計とは、自治体のサイフ（歳入）で管理するという意味です。塩尻市では児童手当を給食費に充てることも保護者の同意（申し出）のもと行っていますから、滞納も少ないとのことです。**図表6-2**の資料のとおり、教職員の負担は大幅に減ります。

図表6-2　塩尻市における給食費の公会計化後の変化

教職員負担の軽減（**太字**が消滅業務）

1　給食費徴収関係
・徴収対象者データ入力、管理
・収納データ作成、銀行送信→学校長口座に収納→収入簿
・**未納発生→催促（手紙）→電話→訪問→懇談会時面接**
　　　　　→管理職（校長・教頭等）の訪問・相談

2　食材費支払い関係
・請求書（納品書）の検算→**伝票作成、支払い**→帳簿管理
　※未納金額が多いと、食材業者への支払いが滞る場合も

3　給食費決算報告関係
・**決算書作成→監査→PTA総会報告、承認**

出典）文科省学校マネジメントフォーラムでの塩尻市発表資料（2016年11月25日）

第6章 原則3 「先生がやって当たり前」を仕分ける

　もちろん、学校徴収金の徴収・管理を教育委員会なり首長部局なりが担うとなると、スタッフの増員やITシステム化などが必要な場合も多々あります。これらの予算化ができるかどうかがひとつのハードルとなります。千葉市のような大きな市で公会計化を進めたのは英断です。

　とはいえ、これまでも教師や事務職員の労力はかかっていました。表立った残業代といった財政負担としてはのってこなかったかもしれませんが、本来的には予算がかかっていたものです（公立学校の教師は残業代が出ないという特殊な制度のもとであったことも影響しているでしょう）。

　なお、一口に学校徴収金と言っても、さまざまなものがあります。答申ではここの解像度がやや粗いという問題はあると個人的には考えます。給食費はあらかじめどのくらいの家庭負担がかかりそうか見通しを立てやすいでしょうし、市内統一的に事務手続きなどもしやすいかもしれませんが、修学旅行費や教材費は学校（または担当教師）ごとに扱うものが異なることもあります。とはいえ、たとえば長野県大町市では修学旅行費を保護者と業者との直接契約としている学校も一部にあるほか、教材費徴収のあり方も検討中です[33]。また鳥取市では、2018年4月から学校給食費と補助教材費の一部を公会計化しています。

■地域との連絡調整もコーディネーターが活躍

　副校長・教頭は、学校の中で最も忙しい職であることが各種調査からも明らかですが、教頭らは非常に多岐にわたる仕事をしていることが要因のひとつです。

＊33　大町市教育委員会への聞き取りによる（2019年5月）。

115

具体的業務のひとつは先ほどの学校徴収金の管理。教頭ではなく、学校事務職員や学年の会計担当の教師が行っている例もありますが。

　もうひとつの例は、渉外的な業務です。PTAや地域との連絡調整など。PTAに関連する業務（仕事というよりもボランティアと呼ぶべきかもしれません）が教頭や教師にとって負担となっていることについては中教審答申ではほとんど触れられておらず、検討不足だったと思います。PTAに教頭等がどこまで関わるかは、学校や地域ごとにかなり差があるようです。教頭等がPTAの会計事務まで行っている学校もありますが、会計は保護者主体で行い、監査は教職員（とりわけ会計に詳しい学校事務職員）も担うといったものがよいでしょう。

　そもそもPTAは任意の団体ですし、教頭等の本業に悪影響があるほど背負い込むべきではありません。ぼく自身もPTA会長をしていますので、よく実感していますが、学校の大変さをありていに伝えれば、保護者の多くも理解を示すのではないでしょうか。

　またPTA自体、拡大しきった業務を見直すべきことも多いです。学校の働き方改革は、PTAの業務見直しもセットで進められるといいですね。実際、横浜市立永田台小学校では、そうすることでお互いに負担感の少ない活動をして、教職員も保護者もイキイキとできることを目指した活動を展開しています[34]。

　地域との関係については、連携・協働の重要性が叫ばれている中、学校としても大切にしたいことではあります。ですが、ここでも副校長・教頭らが頑張り過ぎないことです。答申を引用します。

┃　地域ボランティアとの連絡調整については、地域学校協働活動

＊34　住田昌治『カラフルな学校づくり：ESD実践と校長マインド』学文社（2019）

第6章 原則3 「先生がやって当たり前」を仕分ける

推進員等が中心となって行うべきであり、基本的には学校・教師の本来的な業務ではなく「学校以外が担うべき業務」である。
（中略）なお、地域ボランティアの活動に関する学校側の地域学校協働活動推進員等との連絡調整窓口としては、主幹教諭や事務職員等が地域連携担当として、その役割を積極的に担うことが考えられる。(pp.63-64)

　地域学校協働活動推進員とはどのような方でしょうか。従来の学校支援地域本部や放課後子供教室の活動では、地域住民等と学校との連絡調整を行う「地域コーディネーター」や、地域コーディネーター間の連絡調整等を行う「統括コーディネーター」がいますよね。社会教育法の改正（2017年3月）により、こうした方を地域学校協働活動推進員として教育委員会が委嘱できるようになっています。
　地域差もあるでしょうが、やはりこういう方がいてくれて、教育委員会が予算措置もしてくれると、心強いです（コーディネーターのような重要な仕事を無償ボランティアでというのは、善意に甘えて無責任過ぎます*35）。地域に地域学校協働活動推進員がいないという場合は、今回の答申や文科省通知などを使って、改めて教育委員会等とも話をしてみてください。
　とりわけ、キャリア教育やふるさと学習、あるいはプロジェクト型学習などの探究的な学びなどでは、地域学校協働活動推進員が活

＊35　ついでに申し上げると、中教審の答申でも、地域ボランティアということで、地域住民らが学校に協力するのはボランティアが前提、当然視されているようなところがあります。ボランティアには有償ボランティアもありますが、おそらく無償であることを想定して書かれているように推察します。財政事情が厳しいことは理解できますが、貴重な時間と知見や労力を出していただくのですから、本来は予算化することを教育行政は考えるべきです。給特法もそうですが、しかるべき対価を払うという発想がなさ過ぎるように感じます。学校や教育委員会は「カネがない、ない」と言うわりには、本当に予算獲得の努力をしているのでしょうか？

躍できます。一例として、中学校2年生で職場体験をしている学校は多いと思いますが、先生たちが事業所の開拓や連絡調整をやっているところも多いでしょう。公立の場合、異動がありますし、地域の事業所等のことは、地域の方のほうがよほど詳しいと思います。やはり、餅は餅屋。地域住民らのコーディネーターが担ったほうが効果的です。

　ある中学校で、「キャリア教育で地域の方をゲストに招くのは、やめたい」と言った先生がいました。「生徒たちにはわたしの人生を話しますから」と。

　ん〜、よほど自信家なのでしょうか、あるいは世間知らずでしょうか。その先生の人生がいかに豊かなものであったとしても、やはり多様な生き方に触れてもらったほうがよいですよね。

　「社会に開かれた教育課程」が新学習指導要領でも強調されていますが、キャリア教育にせよ、探究的な学びにせよ、教師だけの知見、経験ではどうしても多様なものの見方や地域の魅力等が伝わり切らないところもあります。地域や社会とうまく連携していくには、地域人材や企業等とのネットワークが広い方に地域学校協働活動推進員になっていただき、プログラムの企画や運営を学校と一緒にできるとよいでしょう。

　もちろん、そうしたときに学校側の窓口も必要です。答申では教頭職の多忙を踏まえて、主幹教諭や学校事務職員等が地域連携担当として動いていくことを提案しています。

　とりわけ、事務職員の中には渉外的なことに向いている人も多いように思います。なぜなら、第一に、行政職であり、地域に貢献したいという気持ちのある方が多いです。第二に、小・中学校では一人配置であることが多く、もともと職場の中や教育委員会と連携しないと仕事が進みません。連絡調整は、事務職員にとっては教師以

上に慣れていることです。第三に、給与、手当などの事務手続きがシステム化や共同処理できるようになれば、各校に配置された事務職員はどこで頑張っていくべきかが問われます。地域協働というのもひとつの道です。

■教員免許状が要らないものは、教師がやらなくてもよい

　以上、登下校の見守り、夜間等の見回り、補導時等の対応、学校徴収金の徴収・管理、地域ボランティアとの連絡調整について、中教審答申では、「学校の業務とは言えない。今後は学校からは切り離してもいいですよ」と言っているわけです。

　次に、「学校の業務だが、必ずしも教師が担う必要のない業務」に仕分けされたものを見ていきましょう。答申では次の業務があがっています。

　　○調査・統計等への回答等

　　○児童生徒の休み時間における対応（見守り等）

　　○校内清掃の指導、見守り

　　○部活動指導

　これらは、教員免許状がなくてもできることですよね。ですから、教師じゃないとできない、という制約はありません。

　もちろん、教師が忙しいからと言って、事務職員や地域ボランティア等に「ハイ、これお願いね」と単純にはいきません。彼らもヒマではないのですから。

　とはいえ、過労死ラインを超えるほどの教師が非常に多い現実があり、また、このまま教師が抱え込んで長時間労働のままでは、大きな弊害もあります（第2章）。ヘルプを出し、学校内外の人で分担・協働していくことが必要です。その際、「学校の業務だが、必ずしも教師が担う必要のない業務」については特に見直しをかけていくことになります。

■安全配慮義務上、教師以外で大丈夫なのか

　児童生徒の休み時間における対応（見守り等）、清掃指導、部活動指導など、見守りや監督が必要な業務について、「教師以外の方にお願いするのもひとつの手だよ」と言われても、そう簡単には進みません。

　ひとつは受け皿があるかどうか。事務職員や地域ボランティア、部活動等の指導者の時間だって有限ですし、人手は限られます。

　もうひとつは、答申にもあるとおり、学校には「児童生徒の事故等を防止する措置を講ずる注意義務等が生じる」（p.66）からです。休み時間、掃除、部活動などは怪我や事故、あるいはいじめが起きやすい時間帯でもあるので、教師としては、「そう簡単に誰かにお願いねとはいかない」というわけです。

　ある小学校の先生は「妹尾さんは知らないと思いますが、ホウキって、"凶器"にもなり得るんですよ。掃除の時間は特に目が離せない時間帯のひとつです」と教えてくれました。

■死角は、休み時間や運動部活動、体育祭の中にある

　データを確認しましょう。日本スポーツ振興センターの災害共済給付制度で判明した学校事故のデータを、産業技術総合研究所が分析しました。2014〜16年度の年間平均で小学校と中学校で各37万件、高校で26万件、幼稚園・保育所などで6万件の事故が起きています（朝日新聞2019年5月5日朝刊）。

　また、2017年度の事故件数と内訳を示したのが次頁の**図表6-3**です（骨折、打撲などの怪我に加えて、熱中症などの疾病を含む）。**小学校では約半数は休み時間中に起きていて、**トップ。休み時間が"死角"なのです！　約2割が体育、登下校中が8％と続きます。掃除の時間でも1万件ほどあります。**中・高の場合、運動部**

第6章 原則3 「先生がやって当たり前」を仕分ける

図表6-3 2017年度の学校事故の状況（負傷、疾病の場合）

小学校

	件数	割合（%）
休み時間	169,315	48.0
体育・保健体育	80,227	22.8
登下校中	28,339	8.0
教科指導（体育・保健体育を除く）	19,938	5.7
特別活動（行事、給食、清掃を除く）	14,183	4.0
学校行事（運動会、体育祭等）	13,482	3.8
日常の清掃	11,080	3.1
体育的部活動	7,132	2.0
給食指導	6,580	1.9
上記以外	2,149	0.6
合計	352,425	

中学校・高校

	件数	割合（%）
体育的部活動	329,076	54.1
体育・保健体育	136,589	22.4
休み時間	50,862	8.4
学校行事（運動会、体育祭等）	41,975	6.9
登下校中	23,904	3.9
教科指導（体育・保健体育を除く）	9,587	1.6
特別活動（行事、給食、清掃を除く）	5,599	0.9
日常の清掃	3,473	0.6
給食指導	1,131	0.2
上記以外	6,294	1.0
合計	608,490	

出典）日本スポーツ振興センター『学校の管理下の災害　平成30年版』をもとに作成

活動が約54%でダントツ。保健体育が約2割。中・高での行事の
うち、約6割は体育祭、球技大会など体育的行事によるものですが、
これは1〜3日ほどである割には件数が多いのも気になります。

　上記のほか、2017年度の死亡事故（突然死を含む）は小学校で
8件、中学校で16件、高校・高等専門学校で25件、特別支援学
校で5件起きていますし、重大な障害が残る事故も発生しています。

　「事故が多いからやめろ」と言いたいのではありません。「事故が
多いなら、相応の準備や対策を進めるべき」と考えたいと思います。
こうしたデータ等を活用して、どのような事故が発生しているかを
可視化、確認し、再発防止や予防に向けた対策を検討していくこと
が必要です[36]。

　これまでの反省点はどこにあるでしょうか。スポーツ庁で運動部

---

[36]　朝日新聞のウェブサイト「子どもたち、守れますか　学校の死角」では、学
　校事故のデータについて、学年別の件数や具体的な死亡事案などが詳しくわかるよ
　うになっています。https://www.asahi.com/special/gakko-shikaku/　また、
　引用した日本スポーツ振興センターの報告書にも死亡事案等が紹介されています。

活動のガイドラインを検討した際には、活動時間が週16時間以上の場合、ないし“年齢×1時間”より多い場合は、怪我やスポーツ障害の発生率が高いとの研究が複数あったことを重くみました（活動時間には自主練や保健体育の時間等を含む）。

　また、活動日数の割には事故が多い体育祭などでは、保護者等への見栄えを気にして、どんどん派手で危険性の高い演出になっていないでしょうか。さらに、事故件数が多い、運動部の活動中や児童生徒の休み時間には、見守りや応急措置ができる人手が不足しているのではないでしょうか。担当教師の“ワンオペ”に頼り過ぎているのではないでしょうか。

　こうしたことを踏まえると、安易にボランティア任せというのも問題がありますが、現行のままでも不十分な学校が多いのではないかと思います。

　なお、今後の体制や対策を考える際に、安全配慮義務に関して、次の2点は注意しておく必要があります。

　第一に、事故防止などの安全配慮の義務が学校にあるからといって、それは教師だけが担うべき、という意味ではありません。現状でも学校事務職員らとは分担しています。また、部活動指導員や地域ボランティア等とも、事故防止対策等について書面を交わして確認しておくなどしたうえで一定の分担はできます。

　静岡市では、部活動指導員向けに独自にライセンスを付与したうえで学校に派遣していますが、安全対策や生徒指導の研修を受けることが必須となっています。

■予見可能性という視点

　第二に、**安全配慮義務は、無定量、無制限に学校に求められるわけではありません**。中教審答申でも確認しています。

第6章 [原則3] 「先生がやって当たり前」を仕分ける

> 学校・教師が担うべきいわゆる安全配慮義務の範囲について、裁判例では、学校における教育活動及びこれと密接に関連する学校生活関係に限られるとされる場合もあるが、具体的な範囲は個別の事案に応じて判断されることとなる。(p.32 注釈)

個別事案で何が検討されるかといえば、ひとつは、事故等の予見可能性です。学校への損害賠償請求は、校長や担任教師に、事故等が発生する何らかの危険性を、具体的に予見できたような状況だったと証明する必要があります。ある判決では「生徒間事故において校長及び担任教諭の具体的な安全配慮義務が生ずるのは、当該事故の発生した時間、場所、加害者と被害者の年齢、性格、能力、関係、学校側の指導体制、教師の置かれた教育活動状況などの諸般の事情を考慮して、**何らかの事故が発生する危険性を具体的に予見することが可能であるような場合に限られる**というべきである」(仙台地裁平成20年7月31日判決)としています。

もうひとつは回避可能性です。危険を予見できても、回避しようがないのであれば、過失があったと認定できません。

関連して、最高裁まで争われたある事案を紹介しましょう[37]。平成8年、私立高校の生徒が課外クラブ活動としてのサッカーの試合中に落雷により両下肢機能全廃などの重大な後遺症が残ったケースです。落雷が一般的には天災として予測が困難と考えられることから、予見可能だったかが争点となりました。

一審、二審は、落雷事故は予見できないとして、指導教諭の安全配慮義務違反を否定しました。

---

[37] 最高裁平成18年3月13日判決、判例タイムズ1208号85頁、日本スポーツ協会のレポートを参照。
https://www.japan-sports.or.jp/Portals/0/data/ikusei/doc/k2-23.pdf

123

最高裁は、落雷は毎年5件は発生し、3人は死亡していること、事故当時（平成8年）の文献には、運動場にいて雷鳴が聞こえるときには遠くても直ちに屋内に避難すべきであるとの趣旨の記載が多く存在していること、本件試合の開始直前ころには黒く固まった暗雲が立ち込め、雷鳴が聞こえ、雲の間で放電が起きるのが目撃されていたことなどからすれば、教諭は落雷事故の危険が迫っていることを具体的に予見することが可能であったとして、予見すべき注意義務を怠ったと判断しました。

　もうひとつの事案は、昭和52年、ある公立中学校の2年生が部活動中に生徒同士の喧嘩により左眼を失明した事故についてです。部活動に立ち会っていなかった顧問の教諭に過失があるかが、最高裁まで争われました*38。高裁は、「体育館の使用方法あるいは使用範囲等について生徒間において対立、紛争が起ることが予測された」として顧問教諭には監督・指導する義務があり、当該教諭に支障があれば他の教諭に依頼する等して代わりの監督者を配置する義務があったとしました。

　これに対して最高裁は、次のとおり述べて顧問に過失はないとしました（原審に差し戻しました）。

　課外のクラブ活動であつても、それが学校の教育活動の一環として行われるものである以上、その実施について、顧問の教諭を始め学校側に、生徒を指導監督し事故の発生を未然に防止すべき一般的な注意義務のあることを否定することはできない。しかしながら、課外のクラブ活動が本来生徒の自主性を尊重すべきものであることに鑑みれば、何らかの事故の発生する危険

＊38　最高裁昭和58年2月18日第二小法廷判決。裁判所のウェブページで閲覧可能。http://www.courts.go.jp/app/hanrei_jp/detail2?id=54267

第6章 原則3 「先生がやって当たり前」を仕分ける

性を具体的に予見することが可能であるような特段の事情のある場合は格別、そうでない限り、顧問の教諭としては、**個々の活動に常時立会い、監視指導すべき義務までを負うものではない**と解するのが相当である。

　これらの事案のように、裁判所でも判断が分かれます。
　学校、先生方としては、リスク感覚を高くし、安全なほうにという意識と行動でいていただいたほうがよいのは確かですが、何から何まで学校や教師の過失責任が問われるというわけではない、ということも重要な事実です。

　学校のことにも詳しいある弁護士が、こんな話をしてくれたことがあります。

　「学校にもっと予見可能性という概念を浸透させたい。いじめでも、事故でも、学校や教育委員会はすぐに謝罪する。自分たちに責任があると。いじめ調査の第三者委員会も、被害者に寄り添って、学校が悪いと結論付けるケースがほとんど。でも、本当に先生たちは予見可能だったのか、第三者はしっかり検証していくべきです」。

　納得感の高い指摘だとぼくは思いました。教師の使命感からの後悔、あるいは学校が非を認めないとさらに問題がややこしくなるという配慮で、すぐに謝罪となるのかもしれません。そうした気持ちは自然なことではありますが、学校も教育委員会等も、そして周りのぼくたちも、本当に学校の責任がどこまであるのかは個別の事案ごとに冷静になって捉えたいものです。

125

■大部分が教師の業務だとしても、負担軽減の道はある

　次に中教審では、「教師の業務だが、負担軽減が可能な業務」についてもリストアップしています。ポイントを要約しておきます（答申 pp.69-74）。

○給食時の対応

・栄養教諭等とも分担し、学級担任任せにしない。
・ランチルームなどで複数学年等が一斉に給食をとったり、指導の補助として地域ボランティア等の協力を得たりするなど、教師一人一人の負担軽減のための工夫を行う。

○授業準備

・教師の本務は、「授業」。質の高い授業を行うためには、教材研究や教材作成等の授業準備は必要不可欠。
・授業準備の中核である教材研究や指導案の作成等は教師が担うべき業務であるが、教材等の印刷や物品等の準備のような補助的業務や、実験や観察等の準備・片付け等の支援は、教師との連携の上で、スクール・サポート・スタッフや理科の観察実験補助員が担うようにしていくべき。

○学習評価や成績処理

・宿題等の提出状況の確認、簡単なドリルの丸付けなどの補助的業務は、教師との連携の上で、スクール・サポート・スタッフ等を積極的に参画させるべき。

○学校行事等の準備・運営

・学校行事の精選や内容の見直し、準備の簡素化を進めるとともに、

地域や学校等の実情に応じて、地域行事と学校行事の合同開催など効果的・効率的な実施を検討すべき。
・従来学校行事とされてきた活動のうち、教科等の指導と位置づけることが適切なものについては、積極的に当該教科等の授業時数に含めるべき。

○進路指導
・特に高等学校については、就職先が多岐にわたり、企業等の就職先の情報を踏まえた指導について、教師が必ずしもその専門性を有しているとは言えない。就職先の情報収集等について、事務職員あるいは民間企業経験者、キャリアカウンセラーなどの外部人材等が担うべき。
・検定試験や模擬試験の実施における監督等については、可能な限り民間委託等を進めていくべき。

○支援が必要な児童生徒・家庭への対応
・スクールカウンセラーやスクールソーシャルワーカー、特別支援教育の支援ができる専門的な人材、日本語指導に係る支援員等とも連携。
・保護者等からの過剰な苦情や不当な要求等への対応、また法的側面からの助言が必要な場合については、教育委員会が引き受けるべき。スクールロイヤー等の専門家の配置も進めるべき。

　どうでしょうか。「"○○との連携"とばかり言われても、そういう人材は頻繁に学校に来てくれるわけではないし」といった反応もあるでしょうね。
　とはいえ、**教師が中核を担う業務であっても、「分担したり、やり方を見直したりできる余地はけっこうあるな」**ということは感じ

てもらえたらと思います。

　しかも、第3章で分析したように、授業準備や採点・成績処理、行事の準備等は、多くの教師が長い時間をかけている傾向があります（とりわけ過労死ライン超えの教師はなおさら）。こうした業務を教師以外のスタッフやコンピュータに完全に代行してもらうことは難しいのは確かですが、負担軽減策、より正確に言えば、時間対効果を高める方策はたくさんあります。

■「先生がやって当たり前」を見直すとき

　さて、少し長くなりましたが、〈原則3　「先生がやって当たり前」を仕分ける〉についてみてきました。

　登下校指導にはじまり、休み時間の見守り、清掃指導、部活動指導、進路指導など、数多くの業務がこれまでは「学校の役割、教師がやって当たり前」という認識だったかもしれません。当の教職員にとっても、教育行政や学校法人等にとっても、あるいは保護者や地域、世間の見方としても。

　しかし、今回の中教審では、ひとつひとつ法的な規制やルール（学習指導要領等）を確認して、**ほとんどの業務で「教師がやらねばならない」とはなっていない**ことを検証しました。それから、あるべき姿を検討していくと、「もっと別の役割分担や進め方のほうが有効ではないか」ということがわかってきました。

　さらに言えば、多くの業務の見直しは、教師の負担軽減だけのためではなく、教育の質や効果を高めるうえでも重要です。たとえば、キャリア教育やふるさと学習などは、餅は餅屋と言いましたが、教師以外の人材、社会資源の力も借りることで、子どもたちにとってホンモノに触れ、深く考えられる場になるはずです。また、進路指導については、中教審答申では「教師が担う業務」とされていますが、教師に多様な職業を知った上でのカウンセリングや就職先の開

第6章 原則3 「先生がやって当たり前」を仕分ける

拓などの専門性があるとは言い難いと思います。今後はもっと予算をかけて、キャリアカウンセラーやキャリアコンサルタント、ハローワーク等の役割を大きくしていくほうが効果的でしょう。

　つまり、教師の負担軽減のためだけでなく、子どもたちのためにも、現状維持のままで本当によいのか、見つめ直すときなのです。

■サポート・スタッフらにお願いする前にやるべきこと

　業務の仕分けや役割分担の見直しに際しては、いくつか注意点があります。

　ひとつは、「**役割分担論から入るな**」ということです。**今の業務そのものの必要性や時間対効果がよいかについて検討することから始めるべき**だからです。

　同じ理屈で、安易にサポート・スタッフや地域ボランティア、あるいは教職員の加配（増員）に頼るという発想は避けたほうがよいです。もちろん、教師や学校で丸抱えする必要はありません。ですが、増員を当てにし過ぎると、ある業務の必要性等を見直すことなしに、こっちからあっちへスライドさせる発想になりやすいと思います。機会費用について解説したとおり、分担の見直しを進めることも大切ですが、単なる業務の付け替えで済ませてはもったいないです。そもそも、その業務のあり方を見直すべきですから。

　一例をあげると、今の業務の流れと役割分担を時系列で書き出してみるとよいでしょう（次頁の**図表6-4**）。この図では、教材や修学旅行の集金、発注、決裁について示しています。その上で、吹き出しにコメントしたように、改善策を考えます（本来は、右横のほうに改善業務フローを描いたりもしますが、ここでは割愛しています）。

図表6-4　業務フロー分析のイメージ

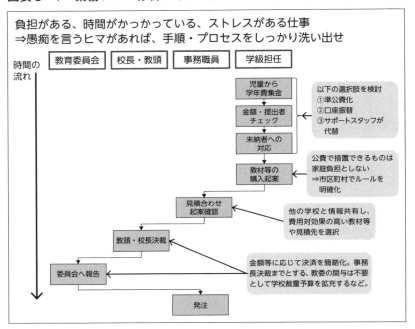

■宿題の出し方や採点ももっと時間対効果を高められる

　経済産業省が主宰するEdTech研究会でも似た分析が行われています。ボストンコンサルティンググループのコンサルタントが、小・中学校等に各校1週間あまり張り付き調査して検討しました。さすがにぼくも、1週間も同じ学校にいての調査をしたことはありません。分析内容には批判もあってよいですが、たいへん貴重な知見と言えるでしょう。

　図表6-5は分析例のひとつで、宿題の採点等についてです。多くの学校では紙で打ち出して、印刷して、配って、翌日等に回収して、採点して、成績表などに転記して……としていると思います。しかもその教科を担当する教師が、これらをほぼすべて行います

第6章 原則3 「先生がやって当たり前」を仕分ける

図表6-5　宿題の採点等に関する業務分析

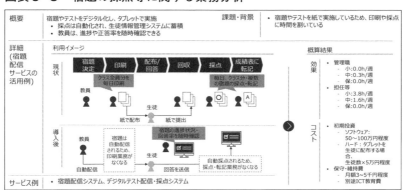

出典）ボストンコンサルティンググループ資料（EdTech研究会、2019年2月22日）

（一部印刷はスクール・サポート・スタッフなどの手もありますが）。たいへんな時間をかけています。

　そして多くの場合、同じ宿題をクラス全員に出します。学力や習熟度、あるいは関心には差があっても。

　これを児童生徒のタブレット等で配信、採点等をする仕組みにすると、ずいぶんと教師の時間は浮きます。ここでの推計では、教師一人あたり小学校では週4時間近く、中学校では週1時間半ほどの削減効果がありそうだとのことです[39]。

---

[39] もちろん、学校や学年、教科などによって宿題の出し方もちがえば、採点等にかけている時間も異なりますから、削減効果は平均的な目安というくらいのものでしょう。

131

■**演習問題＃7　でも、やっぱり教師が自分でやったほうがよく
　　ないですか？**
　ある小学校でのこと。若手の加藤先生（男性、25歳）とベテ
ランの鈴木先生（女性、52歳、学年主任）が話をしています。

鈴木：最近、働き方改革とか言って、なんでも時短、時短って感
　じで、疲れるわ〜。今日も教育委員会主催の研修会に行ったら、
　講師の、なんだっけ、学校業務改善アドバイザーとかいう妹尾
　という先生が、宿題を出したり、採点したりするのもアプリや
　外注でもいい、なんて言うんですもの。そこまで時短ですか、
　という感じがした。子どもたちのことをきめ細かく見ないとい
　けないのに。ああいうひとは、現場を知らないのよ。

加藤：（また愚痴が始まったなあ……と思いつつ）鈴木先生、研
　修お疲れ様でした。ちなみに、鈴木先生は採点とかは苦じゃな
　いほうですか？

鈴木：苦じゃないというか、今の5年生がここまでできるように
　なったとか、ここが弱点だとかわかる貴重な時間だと思う。そ
　れに、休み時間や給食の後にやっちゃえば、それほど時間がか
　かるわけでもないしね。

加藤：ぼくはまだ採用2年目なんで、丁寧に見ていくと、採点も
　放課後までかかりますね。もちろん5年生を担当するのも初め
　てですし。

鈴木：若いうちは、家庭もあまり関係ないし、じっくり取り組め

第6章 原則3 「先生がやって当たり前」を仕分ける

るときはやったほうがいいわよ。

加藤：ただ、翌日の授業の準備だけでも大変ですかね。5教科、
　　　6教科と。採点や作問を機械か誰かがやってくれるなら、だい
　　　ぶ助かる気もします。

鈴木：それじゃあ、ダメよ〜。評価と指導は一体的なもの、って
　　　大学で習わなかった？　評価をしながら、授業どうしようとい
　　　う考えも深まるのよ。働き方改革って言っても、手抜きしちゃ
　　　ダメなところもあるんじゃない？

加藤：そうですよね〜。でも、慣れないうちはとにかく時間が足
　　　りなくってタイヘンですよ〜。先日同じ2年目の集まりがあっ
　　　たんですけど、みんな21時頃まで残っていることが多いです
　　　ね。さすがに21時、22時となったら疲れて帰るんですけど。

鈴木：わたしの頃は土曜も授業あったからね。休みは少なかった
　　　けど、平日はそこまで遅くなかったわよ。週休2日制なんだか
　　　ら、授業内容ももっと減らせばよかったのに。

【問】2人の会話を参考に、宿題を出したり、採点したりするの
　　　は、教師が行ったほうがよいと思いますか。鈴木先生の考
　　　え方について、賛成できるところと、賛成しかねるところ
　　　とあれば、理由とともに指摘してください。

■丸付け、コメント書きは最後のとりで？

　「現場を知らないヤツが」って言われちゃいましたが、みなさん

133

は今回の演習、どうお考えになりますか。鈴木先生のように、やっぱり教師が自分でやるもの、あるいはやったほうがよいという考え方は根強いのではないかと思います。

朝日新聞（2018年6月10日）にも、ある公立小学校教諭の声が紹介されていました。

> 昼に給食をかきこむように食べると、すぐ教室で宿題の丸つけです。「堂々としたいい字だね」などと全員のノートにコメントも書き添えます。「ちゃんと見ているよと伝えたい」。新任の時から続けている**「最後のとりでみたいなもの」**です。

ここで紹介されているように、採点やコメント書きというのは、教師にとって忙しくても減らすべきではない「最後のとりで」、聖域であり、子どもと向き合う大切な時間と捉える人は少なくないと思います。とりわけ、小学校においては、今回の鈴木先生のように、きめ細かくケアすることが重要視、当然視されています。

■自前主義で本当にいいのか、疑え

この章では、〈原則3 「先生がやって当たり前」を仕分ける〉について解説していますが、仕分けをするとき壁となるのは、「そんな面倒なことをやるヒマがあれば、自分（教師）がやってしまったほうが早い」「教師が丁寧に面倒をみたほうが、児童生徒にとってよい効果がある」という考え方です。今回の演習問題では宿題の採点等をテーマにしましたが、補習や部活動指導などでも似た話が出てきますよね。

こうした気持ち、わかる気はするのですが、やはりもう少し考えていく必要があります。それは、「時間」という観点と「質」という観点の両面で。

第6章 原則3 「先生がやって当たり前」を仕分ける

　まず、時間は有限である、という当然のことを重く受け止める必要があります（第5章でもお話ししましたね）。鈴木先生のようなタイプには、ぼくならこう答えます。

　先生に余裕があるなら、宿題の作問も採点もすべてご自身でやられてもよいと思います。しかし、現実には過労死ラインを超えている教師も多いわけでしょう。宿題の作問や採点は、教師がやらなくても別の人やサービスがやってくれるわけですし、先生には、採点等の結果、授業をどうするかというアタマを働かせるほうに時間とエネルギーのウェイトをかけていただいたほうがよいと思います。
　もちろん、今でも作問や採点をしながら、授業にも活かしていらっしゃるということは承知しています。評価と指導は連関します。ですが、宿題を出すこと、誰が出したかをチェックすること、あるいは採点することで相当な時間が取られて、そのうえで何教科も準備するのは、並大抵のことではないと思います。
　やはり、自前主義は考え直したほうがよいのではないでしょうか。

　もうひとつは質の問題です。宿題や確認テストをネット配信などにすることで、その子の習熟度や弱点に応じた問題を出すことができます。
　東京都渋谷区では、株式会社リクルートマーケティングパートナーズのスタディサプリというアプリを全公立小・中学校で導入しています。これは、一流講師の授業動画で学習し、確認テストなどもその子の状況に応じてできるものです。自動採点機能もあり、学習履歴等に応じた演習等も可能です。ITは、個別対応が得意です。
　別のあるサービスでは、英語などの発音チェックをAIスピーカーやソフトがやってくれます。さすがに、40人学級で1人の教師が数分のうちに、40人分の発音を細かくチェックするのはムリで

135

す。

システムやソフトの質がどれほどなのかは今後もよく注視し検証していく必要はありますが、教師がすべて自前でやろうとするよりも、きめ細かに対応できる可能性は高いと推察します。

なお、教師以外の人やサービスが担うことで「質」の観点では劣るかもしれない場合であっても、「時間」の観点からは教師は担わないほうがよい、教師は教師にしかできないことのほうに時間とエネルギーを振り向けたほうがよいと考えられるものもあります（ここでも「機会費用」や「温泉理論」を思い出しましょう）。放課後の補習を地域人材や大学生らが担うケースなどもその一例です。

■業務改善の基本は、
棚卸し⇒可視化⇒分析⇒実行（試行）⇒改善

業務プロセス分析（業務フロー分析）のように、「棚卸し⇒可視化⇒分析⇒実行（試行）⇒改善」というのは企業等の業務改善ではごくごくオーソドックスな発想と方法です。

佐々木眞一著『現場からオフィスまで、全社で展開する　トヨタの自工程完結──リーダーになる人の仕事の進め方』（ダイヤモンド社、2015）などでも述べられていますが、カイゼンで世界的にも著名な企業、トヨタ自動車でも、基本的な考え方は同じです。

ですが、**学校では驚くほど、こうした手間をかけようという声は聞こえてきません。**

代わりに出てくるのは、「会議のやり方をもっと見直そう」といった、経験と勘によるアイデアではないでしょうか。経験が活きる場面もありますが、ある程度の分析がないと、必要性の高いところにメスを入れないままになってしまうでしょうし、小さな改善で満足して、あるいは疲れてしまって、エネルギーが残らない状態になってしまいます。

第6章 原則3 「先生がやって当たり前」を仕分ける

　読者のみなさんにとっては鼻につく言い方かもしれませんが、教育委員会等も学校も、「ラクをして働き方改革ができるのでは」と考えている節があるように、感じることがあります。

　ですが、ちょっと考えたらわかりますが、そんな簡単な方法や特効薬があるなら、誰も苦労はしていないはずです。

　そもそも、しっかり業務の分析と改善等に取り組む余裕もないくらい忙しいというのが学校現場の実情であろうことは、ぼくも承知しています。ですが、だからといって、飛ばし過ぎもいけません。

　第5章でも紹介しました。**「切るのに忙しくて、刃を研ぐ時間なんかあるもんか！」と言う木こりに似た状況**に、あなたはなっていませんか？

■意欲がないのに形式的に続けられる業務はとっととやめよ

　これまで紹介してきた14の業務以外にも、学校、教師はさまざまな仕事をしていますよね。14業務はあくまでも一部の指針であり、これを参考にしつつ、他にも応用していきましょう。答申の中にもこんな一節があります。

> 　教職員間で業務を見直し、削減する業務を洗い出す機会を設定し、校長は一部の教職員に業務が偏ることのないように校内の分担を見直すとともに、自らの権限と責任で、**学校としての伝統だからとして続いているが**、児童生徒の学びや健全な発達の観点からは必ずしも適切とは言えない業務又は本来は家庭や地域社会が担うべき業務を**大胆に削減**（※）。
>
> （※注67）
> 　学校としての伝統だからとして続いているが、児童生徒の学びや健全な発達の観点からは必ずしも適切とは言えない業務又は本来は家庭や地域社会が担うべき業務（例えば、夏休み期間の高温

137

時のプール指導や、試合やコンクールに向けた勝利至上主義の下で早朝等所定の勤務時間外に行う練習の指導、内発的な研究意欲がないにもかかわらず形式的に続けられる研究指定校としての業務、地域や保護者の期待に過度に応えることを重視した運動会等の過剰な準備、本来家庭が担うべき休日の地域行事への参加の取りまとめや引率等）について大胆に見直し・削減してこそ、限られた時間を授業準備に充てることができ、一つ一つの授業の質が高められ、子供たちが次代を切り拓く力を真に育むことにつながると考えられる。(p.31)

　この注釈の部分は、「ここまで言うか」というくらい具体的なことを畳みかけています。

　もちろん、中教審がここまで言うことに賛否はあろうかと思います。本来は中教審や文科省がゴジャゴジャ言わなくても、この注釈で例示されていることのほとんどは、校長の裁量と責任で果敢に見直していけることです。「細かいことまで口を出すな、おせっかいめ！」というご意見もあろうかと思います。

　ですが、そこまで国に言わせるほど、まだまだ学校の伝統や慣習ということで、残っているものも多いのではないでしょうか。

「学校の働き方改革は慣性の法則への挑戦である」。

　ぼくは講演などでそう述べています。学校がよかれと思って始め、続けてきたものの中には、一端始まると止まらない、続けることがともすれば目的化しているようなものもないではありません。この慣性の法則に逆らうことが必要なのです。

　もちろん、ほとんどの伝統、慣習も、何らかの教育上の効果はあります。子どもたちのために全然ならない、なんてものは少ないでしょう[40]。ですが、温泉理論を思い出してくださいね〜。「あれも

第6章 原則3 「先生がやって当たり前」を仕分ける

これも」とはいかないのです。

■あなたの半径３ｍから

　学校の"慣性の法則"に挑戦している具体例を紹介します。静岡県のある公立小学校の実践です。

　この小学校では、遠足などを含め、行事の見直しや家庭訪問の廃止などに踏み切りました。遠足は、１年生と６年生というように合同で１日がかりで出かけていました。もちろん、教育上の効果はあるのですが、１日かけてまでやらなくても、ほかの縦割り学習などで近い実践はできます。そこでやめることにしました。

ある小学校での業務改善の内容

やめる	かえる	減らす
遠足	運営委員会の在り方 （委員会活動の裏で行う）	週時数 （木曜日の６時間目） ※高学年は週26コマ
家庭訪問	組体操（表現運動へ）	委員会の数（１減）
夏休みのプール指導	駐車場の誘導（業者へ）	５・６年担任の分掌業務 （業務の均等化）
PTAのプール当番 （６年生保護者）	プール掃除（業者へ）	ステージ数 ５ステージ→４ステージ
勤務時間外での教育面談 （突発的でないものに限る）	部会の在り方（研修部と生徒指導部の二部制に）	印刷やデータ入力等の業務 （アシスタントやSSSへ）

＊40　前掲＊18 坂本良晶『さる先生の「全部やろうはバカやろう」』（2019）では、教師の仕事には①マイナス仕事、②ファッション仕事、③マスト仕事、④ベター仕事があると述べています。①は集会の発表等で、見栄えを気にして、セリフを教師がすべて考えて、児童生徒にただ読ませる、暗記させる類いのもので、児童生徒にマイナスの影響（主体性や意欲を奪うなど）が大きいもの。②はやっても成果を生まない自己満足仕事を指し、手のこんだ掲示物などです。③はやらねばならない仕事ですが、通知票の所見の記入のように、一見重要度は高そうでも、実際の成果は小さいものもあるので、エネルギーの配分は考えるべき、と述べています。④はやったほうがよい仕事ですが、時間対効果等を考えて仕事を選択し、優先順位を付け、真に重要なものに集中して取り組むことを提案しています。

夏休み中の水泳指導も、熱中症などのリスクも高くなっています
し、やめて学期中の体育の時間での練習のみとしました。運動会の
組体操は、怪我のリスクが高いうえ、練習にも多大な時間を要して
いたことから、ダンスなど簡易なものに変更しました。プール掃除
などは教師がやっていましたが、業者委託にしました。印刷やデー
タ入力などはスクール・サポート・スタッフ（SSS）に手伝っても
らうようにしました。

　この小学校では、「5・6年担任の分掌業務の均等化」とある点
も注目です。第7章で扱いますが、比較的負担が重い人たちの業務
を少しでも分業させる発想です。

　**「半径3mからの働き方改革」、つまり、あなたのすぐ近くで見直
していけることは、案外多い**のです。

　もちろん、こうした削減や見直しには、功罪があります。行事な
どの特別活動や部活動は、子どもたちの主体性や社会性を伸ばすこ
とができるよい機会であることも確かです。ですが、教師や児童生
徒が疲れるまでやるのは、やり過ぎではないでしょうか。

■それってなんのため？

　業務の仕分けや優先順位付けを考えるときに、ちょっとした魔法
の言葉があるので、紹介しておきましょう。

　それってなんのため？
　この一言です。これが案外強力です。
　"慣性の法則"で走り続ける学校。でも、なんのために走ってい
るのでしたっけ？

　そもそもの目的と目標を再確認しましょう。当初の目的、目標が

第6章 原則3 「先生がやって当たり前」を仕分ける

忘れられ、手段が目的化しているようではいけません。

たとえば、部活動が過熱化しがちなのは周知のとおりですが、**そもそも部活動ってなんのために学校教育の一環として行っているのでしょうか。**

ある研修会のワークショップでもそんな問いかけをして、対話してもらったことがあります。部活動の目的、主たるねらいとして、「大会、コンクールで入賞するため」「試合で勝つこと」と言う校長や教職員はほとんどいません。「子どもたちが成長する、チームワークを学ぶ、頑張ることのよさや達成感を体験できる」、そんな声が多く寄せられます。

次に、ぼくはこう畳みかけました。「そこがメインの目的ならば、土日もずっと練習し続ける必要はあるのでしょうか？」

つまり、目的と目標を確認すると、今やっている手段が妥当なのかをチェックできます。ほとんどの中学・高校等は、アスリートやプロの芸術家を輩出するために部活動があるのではありません。大会や試合があると勝ちたいと思って、また頑張ってきた生徒に勝たせてやりたいと思って、過熱化しがちなのは、自然な気持ちかもしれません。とはいえ、大会等で勝つことがメインではないのなら、今の活動量を見直してもよいはずです。

加えて、負担や費やしている時間とのバランスも考えるべきです。いくら意義、効果があるからといって、多大な時間をかけるのでは弊害も多く出てきます。部活動でいうと、教師の負担も深刻ですが、それ以上に、子どもたちの負担や自由な時間の確保についても考えねばなりません。

運動会などの学校行事や授業研究などでも同様の発想ができます。そもそもそれはなんのためでしたか。たとえば、こんなふうに。

141

➤運動会や卒業式は保護者を喜ばせるため、保護者の感動を誘うためのものじゃないですよね？　だったら、何時間も準備にかける必要はあるのでしょうか。

➤修学旅行は、これまでもやってきたから今年もやるのでしょうか。遊園地などに行って思い出作りができるのはよいことですけれど、それがメイン目的なんですか。だったら、行きたい人だけでパックツアーを組んで旅行したほうがよほど安上がりですよ。

➤授業研究会や公開授業の前に、いったい何時間準備に時間をかけているのでしょうか。いつもの授業を見せてそれでフィードバックをもらい、改善につなげるほうがよいのではないですか。

　それってなんのため？　本当に今のままでいい？　もっと時間対効果等を高められる方法はない？　そんな問いかけをして、「教師がやって当たり前」だったことを変えていきましょう。

■ Summary

原則3 「先生がやって当たり前」を仕分ける

◎中教審では14の業務について、①基本的には学校以外が担うべき業務、②学校の業務だが、必ずしも教師が担う必要がない業務、③教師の業務だが、負担軽減が可能な業務に仕分けをした。

◎登下校の見守り、補導時等の対応、学校徴収金の徴収・管理などは、①であり、学校から切り離してよい。家庭や行政の役割が大きい領域である。

◎児童生徒の休み時間の見守り、清掃指導、部活動指導などは、②である。

◎安全配慮義務は無定量、無制限に学校に求められるわけではなく、事故等の予見可能性がある場合などに限られる。

◎給食時の対応、授業準備、進路指導等は③である。

◎役割分担を見直すことは大事だが、そこから始めるべきではない。そもそも、その業務や活動がなんのためかを確認したうえで、必要性や優先順位が高いのか、業務そのものの見直しを図るべき。

◎伝統だからといって続いていることを大胆に見直した例もある。働き方改革は学校の"慣性の法則"への挑戦である。

第7章

原則4

チームワークを高め、
分業と協業を同時に進める

■演習問題＃8　問題はマネジメントだよ、マネジメント

　ある高校での校長と教頭との会話です（架空のものです）。

山田校長（男性、57歳）：新聞等でもしきりに働き方改革って言っているけどね、わたしに言わせりゃ、働き方改革で必要なのはマネジメントですよ、マネジメント。教師が忙しすぎる？　それって校長がしっかりマネジメントできてないってことでしょ。

谷川教頭（男性、55歳）：そうですね……。
　（心の声……それをアンタが言うなら、ちょっとは教頭の仕事を手伝ってほしいよ。）

山田：先日読んだ本にも書いてあった。「組織は戦略に従う」。本校でも、キャリア教育だの、主権者教育だの、ICT教育だのと言って、どんどん組織が細分化してるじゃない。この際5つくらいに統廃合してはどうか、と思って。

谷川：わたしの知る限りでは、ここ10年は大きな分掌の見直しはなされておりません。確かに、今のままでは、担当者1人だけの係もありますから、うまく機能しているかどうか……。
　（心の声……分掌の見直しは必要だと思うけれど、業務を減らさずに再編だけだと、どこまで意味が出てくるかなあ。改革しましたというアピールを県教委にしたいだけじゃ、ないですよね？）

山田：部を5つに再編して、企画運営会議も管理職と5つの部長と教務主任でやりましょう。職員会議はもともと合議の場ではないし、回数はもっと減らして。本校も働き方改革を進めますよ。

第7章 原則4 チームワークを高め、分業と協業を同時に進める

谷川：企画運営会議のメンバーとして、事務長は……？

山田：事務部は、経営企画室という名称になったけれど、ほんとに企画はできているのかねえ？ 川本さん（事務長）はよくやってはくださっているけどね、授業料が無償でなくなってから、修学支援金などのルーティーンで忙しいみたいじゃない。企画運営会議は教員側だけで進めてもいいんじゃないですか。どうせ、これまでも大した発言はなかったわけだし。

谷川：……。
（心の声……会議の簡素化はいいけれど、かえって教職員の間のコミュニケーションが薄くならないかなあ。大丈夫かなあ。）

【問】校務分掌の再編、会議の見直しなどの動きを踏まえつつ、この高校の組織マネジメントの問題、懸念材料として、どのようなことがありますか。

■マジックワードで煙に巻かれるな

　今回の山田校長のように、「マネジメント」ととにかく言っておけばそれらしい感じがする、と勘違いしている人はあなたの周りにもいませんか？ まあ、便利な言葉ですよね、煙に巻くには。「校長のリーダーシップが大事だ」といった表現も同様です。

　以前、中教審でも、ぼくは次のスライドを使って、注意喚起したことがあります[41]。

＊41 2018年4月25日、働き方改革特別部会

> 校長、副校長・教頭のリーダーシップ、
> マネジメント力がもっと必要⁉
>
> ⬇
>
> マジックワードでいろいろ入る。
> 唱えるほうとしては、なんとなく
> 分かった気、対策した気になってしまう。
> いったい、どこに、何が必要なのか？

　大きな言葉はなんでもかんでも入ってきて、結局何がキーポイントなのかわかりづらくなるので、要注意です。

■なぜ、組織マネジメントか

　とはいえ、働き方改革をめぐって、やはりマネジメントの問題も大きいのでないか、ということは、真面目に捉えておく必要があります。答申ではこう書いています。

> 　学校が組織として効果的に運営されるためには、校長を中心とした管理職が、学校運営の基本方針や経営計画を具体的かつ明確に示し、教職員の意識や取組の方向性の共有を図るなど、管理職がリーダーシップをもって学校組織マネジメント（※）を行っていくことが必要不可欠である。
> （※注75）
> 　学校組織マネジメントとは、管理職が教職員との連携協力の下、学校に関与する人たちのニーズに適応させながら学校の目標を策定し、学校内外の能力・資源を開発・活用し、活動を組織化し評価改善を行う、自律的な過程と考えられているが、学校における働き方改革に関しては、学校のビジョン・教育目標を実現してい

第7章 原則4 チームワークを高め、分業と協業を同時に進める

くために教育活動の重点化を図ること、校内の役割分担と組織体制を整えること、学校外の資源・人材との調整・協働を促進することなどにより、教職員の長時間勤務を抑制する機能を有するものとしてとらえることができる。(p.38)

この注釈は、ぼくが意見出しをして大幅に加筆してもらいました。まあ、これでもかなり広い概念ですが……。

逆を考えたほうが、わかりやすいかもしれませんね。組織マネジメントがうまくいっていない状態とは、という問いです。この点に関連する研究者の観察結果を紹介しておきましょう。

> 　高度化し複雑化している知識・技術や急激に変動している社会に対処しうるには、個々の専門から脱し事態に共同的に向き合い個性や特技を活かして知恵を持ち寄ることが必要となる。
> 　ところが、学校は、多くの活動を個々の教職員の裁量や解釈に委ね、**協働することの意味や方法を忘れてしまっている**。そして、種々の問題を教職員それぞれが抱え込み、1人では対処不能なことさえも独力で何とかしようとし、「学級崩壊」にみられるようにかえって事態の悪化を招いている[42]。

> 学校組織の特性とマネジメントの課題
> 　教員の裁量性に基盤をおく学校組織の特性は、その実態として**個業化した学校組織のデメリットを顕在化させつつある**のが、今日的状況でもある。児童生徒の多様性や教育課題の複雑性が

---

[42] 木岡一明編『学校の"組織マネジメント能力"の向上——目標達成を目指す組織マネジメントの展開』教育開発研究所（2006）p.1

> 個別教員の知識や技能の範囲内に収束する場合には、その有効性を保持しうるが、それを越える場合には組織的な対応が困難な脆弱なシステムになる危険性を有している。(中略)それぞれの教員の力を学校という「組織」の力としてまとめあげていく機能と仕組みづくりの中で対応していくことが必要な課題だといえる。そこに、現代の学校における「マネジメント」の意味があり、学校が組織として対応する必要性があるといえる[*43]。

※強調は引用者

　このように、学校というところは、実は、**組織、チームになりきっておらず**、個々の教師が個人の力だけで勝負している側面が強いのではないか、という問題意識です。
　人材育成の危機も進行中なのに、「個人で勝負」で大丈夫なわけはありませんよね。

[*43] 北神正行「学校組織のマネジメント」、『「つながり」で創る学校経営』ぎょうせい（2011）pp.4-5

第7章 原則4 チームワークを高め、分業と協業を同時に進める

■組織マネジメントで大事な4つのこと

組織マネジメントをもう少しかみ砕くと、少なくとも図表7-1の4つのことが重要になります。

図表7-1 学校の組織マネジメントで重要となること

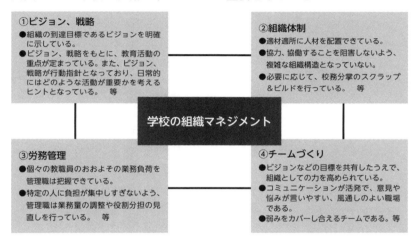

■竜巻に対抗するには、ぶれない軸が必要

①ビジョン、戦略については、これだけを解説しても本数冊分になってしまいそうですが、簡潔に言うと、**具体的な行動への指針、軸となる考え方、言い換えれば、教育活動の重点を示せているかどうか**がひとつのチェックポイントです[44]。

学校では子どもたちのためならば、何でも重要に見えてきます。企業等以上に、学校では重点や優先順位を決めるのには困難がつき

---

[44] 詳しくは、前掲＊3拙著『変わる学校、変わらない学校』『思いのない学校、思いだけの学校、思いを実現する学校』などもご覧ください。

まといます。しかし現実には、やれることには限りがあります（ここでも“温泉理論”を思い出しましょう）。学校の重点課題とビジョンに応じて、何にもっと教職員等のエネルギーと時間を使っていくか、何は薄くしていくか（これは「劣後順位」とも言われます）、方針を立てていくことが必要です。

なにも「壮大なプランを立てよ」と言いたいのではありません。むしろ、実行してみて、評価、振り返りをしながら、修正していくものです。

あるビジネス書では緊急事項のことを**"竜巻"**と表現していて[45]、的を射た言い方だと感じました。ぼくもそうですが、多くの人は、緊急の仕事が入ると、竜巻が吹き荒れたかのごとく、目の前のことのほうに集中してしまいます。人間の脳は多数のことを同時処理できるものではないようです[46]。携帯電話で話しながらの運転は危ないのと同じですね。

しかし、竜巻にずっと巻き込まれたままだと、重要だけれど、緊急性は低いものは、どんどん後回しになって、実行できないままになってしまいます。生徒指導の事案やちょっとした児童生徒の間のトラブルや事故など、学校には突発的に入ってくる竜巻が多いので、この問題はいっそう起きやすいかもしれません。

ある小学校の副校長は、**「学校はベルトコンベアのようだ」**と言っていました。４月にスタートすると、次々とさまざまなことがや

---

[45]　クリス・マチェズニー他（竹村富士徳訳）『実行の４つの規律──行動を変容し、継続性を徹底する』キングベアー出版（2016）

[46]　マサチューセッツ工科大学の神経科学者アール・ミラーは、「二つの作業に集中しようとすると、脳の処理容量を超えてしまう……電子メールを書く、電話で話すなど同じような作業を一度にやろうとするときは、脳の同じ部分を奪い合うことになる。詰め込みすぎれば、脳もスローダウンする」と述べています。前掲*45 クリス・マチェズニー他（2016）p.73

第7章 原則4 チームワークを高め、分業と協業を同時に進める

ってきます。新しい児童生徒の受け入れや黄金の3日間（1週間）での学級づくり、それが一段落したと思ったら行事が目白押し、遠足が終わったかと思えば、次は運動会の準備だ、といった調子です。目の前のことをこなすだけでも手一杯になりやすいのです。

では、どうするか。先ほどの本にも「最重要目標にフォーカスする」「行動を促すスコアボードをつける」といったことが指南されていました。何のことはありません。あらかじめ優先順位の高いことは何か、少々の竜巻が吹こうが、これはないがしろにしてはならないという重要目標は何かを明確にしておき、その目標に向けて進捗しているか、時々確認していこうね、ということです。

「ビジョン、戦略に魂を入れてほしい。本気でこれは何とかしたいという、重要目標トップ3くらいを明確にしてください」とぼくが管理職研修などでよく申し上げるのは、こういう理由からです。

最重要目標──これはひとつでなくてもいいと思いますが、6つも7つもあったら覚えられません──と言ってもいいし、ビジョン、戦略と呼んでもいいのですが、しっかりした軸があると、これはビジョンにつながる活動だろうか、本当に必要性と優先順位は高いだろうか、目の前のことに追われてもっと大事なことを軽視していなかっただろうか、と振り返ることができます。

学校とはまったく別の業界の話ではありますが、興味深いのは、宅急便を生んだときのヤマト運輸の物語です[47]。宅急便・宅配便はいまではなくてはならないサービスですが、小倉昌男氏（当時・

---

[47] 小倉昌男『小倉昌男 経営学』（日経BP社）は1999年に刊行され、現在まで続くロングセラーで多くの経営者等が評価しています。沼上幹『小倉昌男 成長と進化を続けた論理的ストラテジスト』（PHP研究所、2018年）は、経営学者が小倉さんの経営を分析したもので、こちらも読みごたえがあります。

153

社長）が始めようとしたとき、個々の家庭という小さな客を相手に手間のかかるサービスをして「儲かるわけがない」、と他の役員全員から反対されました。宅急便の営業開始は1976年のことですが、あの頃は郵便小包や鉄道輸送では1週間もかかっていた時代。小倉さんは、そこに付け入る隙があると見ていました。

　小倉さんがセールスドライバー（ＳＤ）と呼ばれる社員たちにしきりに伝えたのは、「サービスが先、利益は後」「確実に翌日配達する」というメッセージです。ＳＤが利益のことばかり考えていると、サービスはほどほどでよいと思うようになり、サービスの差別化ができません。すると、収入も増えず、結果としては利益も出ない状態になります。

　逆に、翌日配達などで宅急便がすごく便利で安心できるサービスだと認識されれば、使う人が増えます[48]。使う人が増えると、ＳＤは面積の小さな範囲で集荷・配達等を効率的に行えるようになります。すると、しだいに損益分岐点を超えて利益はあとで付いてきます。小倉さんは、このように戦略的な発想ができたのです。

　宅急便のサクセスストーリーは、最重要目標を明確にして浸透させていくことの威力と、あれもこれもと闇雲に進めるのではなく、戦略的に行動していくことの重要性を教えてくれます。

■対症療法や抑え込みに走るな

　ビジョン、戦略、軸が大事だという別の例を紹介しましょう。

　子どもの問題行動や学級崩壊が起こった後で、対症療法的に対応しようとしても、多忙は増すばかりです。まさに竜巻の日々。しかも、教頭や学年主任といった、火消し対応に慣れた人への負荷がい

＊48　翌日配達の実現は、市民の驚きと感動を呼びました。「あなたの会社はすごいサービスをやっている。メシでも食べていけ」と声をかけられるセールスドライバーもいたほどです。

第7章 原則4 チームワークを高め、分業と協業を同時に進める

っそう高まります。

対症療法ではないことと言っても、何をどうしたらよいのでしょうか。

久我直人教授（鳴門教育大学）は、子どもはどんなときに頑張り、優しくなれるのか、中学生（1〜3年生）約5,200人、小学生（4〜6年生）約6,000人を対象に調査しました[49]。分析からわかったのは、**「自分への信頼」、つまり「私は一人の大切な人間である」「自分にはよいところがある」という自己認識が、子どもの学習意欲などの頑張りを伸ばし、同時に、人のことを大切にすることなど、優しさにも強く影響する**ということでした。

つまり、問題行動や学級崩壊等をなるべく未然に防ぐことをねらうなら、子どもたちの自分への信頼や自己肯定感を高める教育を、学校では教職員がチームとして、また家庭や地域の協力を得ながら進めていくことが重要というわけです。

一方、頭髪指導や服装チェックなど、児童生徒への管理を強めて、抑え込もうとするだけでは、子どもたちの自分への信頼や肯定感は高まらないでしょう。そうしたことに有限な時間と労力をかけるよりは、子どもたちのよいところや成長したことを認めて、褒めたり声かけをしたりすることを、学校全体で進めていくことのほうが優先順位は高いのです。

■昭和なままの校務分掌？

②**組織体制**は、中教審の答申でも強調されています。学校によってもさまざまですが、校務分掌について、細分化されたまま、あるいは昭和な時代のものがずっと残ったままという学校もあるようです。これを必要に応じて、アップデートしましょう、ということで

＊49　久我直人『教育再生のシナリオの理論と実践』現代図書（2015）

す。ただし、演習問題の山田校長のように、「ともかく組織をいじめれば解決」では当然ありませんよね。

答申には、「校務分掌について、いじめ防止対策委員会等法令で義務付けられたものを除き、整理・統合を積極的に図り、会議の開催回数削減等の業務効率化を進める必要がある。例えば、企画委員会と学校評価委員会、学校保健委員会と学校安全委員会の統合などが考えられる」とあります。つまり**法令で義務付けられているのは、いじめ防止対策委員会等を除いてほとんどない**、ということです。これは、「柔軟に各学校でスクラップ＆ビルドしていいよ」という意味です。

校務分掌の見直しと組織活性化の事例はかなりあります。一例ですが、静岡市立大里中学校では、校務分掌をプロジェクト型に大きなくくりに再編しました。校長はそれぞれの分掌（プロジェクト）のミッション（主要課題）を提示。そのあとは、各プロジェクトに権限移譲して、プロジェクトの中でしっかり議論したことは尊重する、という方針にしました。ただし、プロジェクトメンバー以外は蚊帳の外という感じですと、教職員の納得感が高まらないときがありますので、各プロジェクトは頻繁に進捗状況を他メンバーにも共有しています。

この結果、大里中では、教職員が校長の指示を待つのではなく、主体性を発揮してプロジェクトに臨むようになってきています。この事例などは、②組織体制と①ビジョン、戦略、④チームづくりをうまくミックスさせた取り組みとも言えます。

■教師の"管理嫌い"に向き合う

③**労務管理**について。どうも、学校の先生方の中には「管理」という言葉にアレルギー反応がある人も多いようです。「管理」というと、自分の自由、裁量のあることにジャマが入るようなイメージ

第7章 原則4 チームワークを高め、分業と協業を同時に進める

をもたれる方もいるかもしれませんね。校長等のことは"管理職"と言うのですが、「オレは、わたしは管理なぞされたくない！」と思っている教職員は少なくないようです。

しかし、実際は逆で、労務管理がないがしろだと、教職員の健康を守れないことになりかねません。健康を害しては仕事上の自由もへったくれもありません。とても悲しいことに、教師の過労死や自死の中には、勤務時間や業務量の把握などがなされておらず、過労死や自死に追い込まれるまで周りが気づけなかったケースや、十分ケアできなかったケースもあります。

■特定の人に仕事が偏る問題

さて、答申でも「一部の教師に校務分掌が集中し、特定の教師の長時間勤務が常態化するようなことはあってはならない」と釘をさしていますが、いろいろなことをそつなくやってくれる人に仕事が集中しがちであることは、どこの組織でもよくある話です。横浜市立学校のデータでも、業務が俗人化（その人がいないと、仕事が回らない状態）している職場や特定の人に業務が集中している職場では、そうではない職場よりも在校時間が長い傾向にあることが確認されています[50]。

出退勤時間などは、今後、多くの学校で把握していくようになるでしょうし、その結果、特定の人に負担が集中していないかは、モニタリングしやすくなります。こうしたデータと、職場でのコミュニケーションを通じて、**管理職は業務量の調整や役割分担の見直しに動く**ことが重要です。

これは、同僚間でやるのは難しいことです。「○○先生、あなたのほうが時間的なゆとりがあるようですから、△△の仕事やってく

＊50 前掲＊13『データから考える教師の働き方入門』（2019）pp.95-97

れませんか」とは、フツーは言いづらいですよね。ですから、校長、副校長・教頭の役割としてここは大きいです。

図表7-2は、熊本市立のある小学校での実際のデータです。授業や学活などの時間を除いて、1週間のうち各学年の担任がどのくらい自由に使える時間があるかを示したものです。高学年では授業数が多いため、自由時間が少ない傾向にあります。

もちろん、こういうデータは学校ごとの差もありますからあくまでも一例です。専科教員が配置されていて、高学年の負担が軽減されている例などもあります。

読者のみなさんの学校の実際のデータを見ながら考えてほしいとは思いますが、多くの小学校では、やはり高学年のほうが負担は重いという傾向があるのではないでしょうか。行事や生徒会・委員会活動などの特別活動でも、6年生が中心となって動くので、6年生の担任がさまざまな準備をこなします。小学校によっては6年生の担任が体育主任を兼ねている例も聞きます（小学校関係者には周知

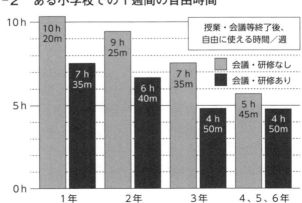

図表7-2　ある小学校での1週間の自由時間

出典）渡辺猛教諭提供資料

ですが、体育主任は運動会などを担当しますので、重い分掌のひとつですよね）。熊本県の場合、小学校でも部活動がある学校もありますので、さらに高学年の負担は重くなる傾向がありました。

　そこで、この小学校では、行事などの特別活動の分担や部活動の分担を、１～４年生の担任にも分業してもらうように見直しました。もちろん、完全に平等とはなりません。育児や介護で配慮が必要な方等もいますので。ですが、前よりはよほど、負担が分散され、かつ特定の学年だけで頑張ろうというのではなく、学校として協力して子どもたちの成長を支援していこうという雰囲気にもなった、ということです。

■副校長・教頭の業務も仕分けて、分業と協業を

　第１章で「大まちがい⑤　一般の教職員の多忙は緩和されつつあるが、副校長・教頭や学年主任らが仕事を巻き取っており、一部の人の多忙がさらに悪化している」について紹介しました。労務管理という点でも、この問題、まちがいが起きないように、注意してかからないといけません。

　一例ですが、副校長・教頭の業務についても次頁の**図表7-3**のように検討をして、仕分けてみるといいと思います。

　たとえば、教頭はたくさんの調査ものを抱えているということがわかっています。「意味はあるがストレスがかかる」業務のひとつでしょう。もちろん、教育委員会等が調査ものを減らすという手立てが本筋ではありますが、教頭でなくても回答できるものは学校事務職員らともっと分担を進める必要があります。大阪市で教頭補佐というアシスタントをしていた知人は、慣れてくれば補佐が回答案を考えて教頭にチェックしてもらえば済むものも多かったと言っています。

　地域、学校によってはPTA会計を教頭がやっている例もあり、

図表7-3　副校長・教頭の業務の仕分けを考える視点とフローの例

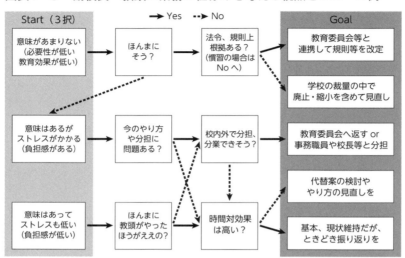

相当な負荷となっています。これは教頭がやっても「意味があまりない」もので、慣習によるものです。保護者側にお願いし、事務職員からのアドバイスをもらうなど、見直しを進める必要があります。

　教頭の仕事に限りませんが、さまざまな業務について、**分業と協業をともに進める**必要があります。分業とは、一人で抱え込まず、役割分担をすること。ただし、誰かにお願いして放置しておくのではなく、協力もしていくという意味で、協業も大事です。

■**学校事務職員の仕事も減らす**

　今回の中教審答申では、たびたび学校事務職員と教師との分業・協業について言及されています。

　2017年3月の学校教育法の一部改正により、事務職員の職務規定の見直しが行われ、「事務に従事する」という記述から、「事務をつかさどる」に改正されました。

　今、多くの学校では、長時間労働と人材育成の危機が同時進行し

第7章 原則4 チームワークを高め、分業と協業を同時に進める

ています（第3章）。カナメの教頭職がデスクワークばかりに追われていたのでは、業務改善にも人材育成にも貢献できません。教頭らの仕事の一部を事務職員ともっと分担してもらうことが、法改正の趣旨のひとつということでしょう[51]。

文部科学省の担当課長（当時）も「例えば、従前は、各種調査の対応や学校予算の編成・執行などの事務については、校内のとりまとめや確認作業等の細かな対応まで校長・教頭等が対応してきた場合も多いと思いますが、今後は、総務や財務等に通じた事務職員が対応することなどが考えられます」と述べています[52]。

ですが、ここに落とし穴があります。「学校事務職員だってヒマじゃない」という事実です。いくら教頭らが忙しいからといって、役割分担を見直した結果、事務職員のほうの超過勤務が非常に増えるようでは、ハッピーな状況とは言えません。

そこで、ぼくが中教審や全国各地の事務職員、教育委員会等に提案しているのは、**「事務職員の仕事も減らすことが先決」**という、当たり前の話です。

たとえば、次頁の**図表7-4**では、事務職員の仕事を「定型的か非定型的か」、「複数学校や全市区町村（場合によっては全県）的な対応が可能か、各学校ごとの特色や事情に応じた対応が必要か」で分類しています。

定型的というのは、あらかじめこういう事務処理をするといった手続きやルールが決まっており、仕事の予測が立ちやすいルーティーン業務です。こうした業務はなるべくITなどを活用して機械化

＊51　木岡一明「新しい舞台の幕開けを祝う」、『学校事務』2017年6月号（学事出版）

＊52　矢野和彦「今般の事務職員に関する法令改正について」、『学校事務』2017年6月号（学事出版）

161

図表7−4　学校事務職員の仕事を分類する視点と方法の例

学校事務職員への期待と現実
事務職員だってヒマじゃない。"ビルド＆ビルド"な発想では限界がある。

複数学校や全市区町村（場合に
よっては全県）的な対応が可能

■学校徴収金のルール策定
■事務職員向け研修
■若手職員やスキル、モチベーションの
　低い職員への育成・支援　等

■給与事務（通勤手当、年末調整等）
■福利厚生事務
■旅費事務
■就学援助の手続き
■施設点検
■文書の収受と管理
■学校徴収金の徴収　等

非定型的業務　　　　　　　　　　　　　　　　　　　　　　定型的業務

■副校長・教頭等の業務支援・分担
■学校徴収金等の見直し、改善
■就学援助、奨学金等に関する相談、
　家庭支援
■文書や情報の学校内での活用促進
　（ナレッジマネジメント）　等

■学校予算、決算の管理
■備品、消耗品等の管理
■学校行事での分担
■公務災害に関する手続き　等

※この図はイメージアップのためであり、実
際はこれらの中間的なものや分類が難しい
各学校ごとの特色や事情に応じた対応が必要　　性格の業務もある。

学校事務職員への期待と現実
"つかさどる"職はどこに力を入れるべきか？

減らす
教育委員会主体で（業務によっては複数市区町村
や県単位で）集中処理したほうが効率的では？

事務長が中心に担う
共同事務室かもっと広
い範囲で対応。
事務長は、なるべく定
型的業務からは解放せ
よ。
（県費職員の加配や市区
町村費職員配置等）

複数学校や全市区町村（場合に
よっては全県）的な対応が可能

■学校徴収金のルール策定
■事務職員向け研修
■若手職員やスキル、モチベーションの
　低い職員への育成・支援　等

■給与事務（通勤手当、年末調整等）
■福利厚生事務
■旅費事務
■就学援助の手続き
■施設点検
■文書の収受と管理
■学校徴収金の徴収　等

非定型的業務　　　　　　　　　　　　　　　　　　　定型的業務

**各学校配置職員が
もっと力を入れる**
スキルや得意不得意は
あるので、共同事務室
等も活用しながら各学
校任せにはし過ぎない。

■副校長・教頭等の業務支援・分担
■学校徴収金等の見直し、改善
■就学援助、奨学金等に関する相談、
　家庭支援
■文書や情報の学校内での活用促進
　（ナレッジマネジメント）　等

■学校予算、決算の管理
■備品、消耗品等の管理
■学校行事での分担
■公務災害に関する手続き　等

各学校ごとの特色や事情に応じた対応が必要

したり、効率化を図ったりすることが必要です。

併せて、定型的で、かつ、各学校個別対応が必要のないものは、共同事務室や都道府県単位などで集めてしまって、集中処理するという方法も考えるべきです。そのほうが効率的な場合が多いだろうと思います。実際、市役所や県庁では、総務事務センターなどという名称で、経費関係は集中処理して効果をあげている例がたくさんあります。学校関連でも、政令市の中には、住宅手当などの事務や旅費関係は各学校ではやらない、という方式に転換している例もあります。

一方、非定型的なもので、かつ、学校ごとの事情が影響しやすいものは、各学校配置の事務職員が頑張る領域です。ただし、小・中学校では一人配置が多いこともありますし、共同事務室や共同実施などを活用して、事務職員のスキルアップなどを支援していける体制は整えるべきでしょう。

こうした仕分けは一例に過ぎませんが、学校事務職員は「事務処理をする人」でなくしていく方向性のほうがよいと考えます。事務職員の仕事のスリム化を図ったうえで、教頭職の業務の一部や学校の業務改善、地域協働などにもっと貢献していくことが、行政職である強みを活かした学校事務職員の姿のひとつではないでしょうか。

■本当に学校の同僚性は高いのか

次に④**チームづくり**についてです。

答申では、「我が国の学校組織は、管理職が学校運営の責任者としてリーダーシップを発揮しつつ、教師それぞれが立場や状況に応じて主体性を発揮し、学校の様々な課題や教育実践について教師間の学び合いや支え合いという同僚性・協働性によって学校組織全体としての総合力を発揮してきた」(p.39) と述べています。

ですが、これは相当楽観的な見方ではないでしょうか。同僚性や

協働性という言葉でこれも煙に巻いてしまうわけですが、本当に日本の学校は同僚性と協働性、もっと平たく言えば、チームワークが高い組織である、と胸を張って言えるでしょうか。

運動会など学校行事のときは、小学校等ではすごくチームワークがよいような気もしますが、他のシーンではどうでしょう。もちろん、学校によってもちがいますし、安易な一般化は要注意ですが。

前掲＊13の辻和洋・町支大祐編著『データから考える教師の働き方入門』（毎日新聞出版、2019）の中で、中原淳・立教大学教授と岩瀬直樹・軽井沢風越学園設立準備財団副理事長との対談があります。そこでは、**「同僚性」ということはバズワードになっているけれども、機能していないのではないか**という問題提起がなされています。教材研究もほぼ独力で進めていると。

また、以下は妹尾の観察ですが、「本校で優先的に取り組むべき課題トップ3は何か」と問われると、おそらく校長、副校長・教頭、教務主任、学年主任、一般の教諭、事務職員等はかなりバラバラな回答をするのではないかと推察します（実際、ぼくが調査した複数の高校ではそうでした）。課題認識や目標の共有も曖昧なままで、同僚性やチームワークは本当に高いと言えるのでしょうか。

関連の深い研究を紹介します。露口健司教授（愛媛大学）は「チーム効力感」（ある課題をうまく達成できるというチームの信念）の教育活動等への影響について、統計的に分析しました[53]。小学校への調査によると、第1に、チーム効力感（ここでは、学年単位で課題をうまく達成できるというチームの信念）が高いことは、児童の学力向上や保護者からの信頼構築にプラスになることがわかりました。

＊53　露口健司『学校組織の信頼』大学教育出版（2012）、第7章

第7章 原則4 チームワークを高め、分業と協業を同時に進める

　第2に、教師の自己効力感はチーム効力感を媒介して、児童の学習意欲などにつながることが示唆されました。つまり、ある教師が「自分はやればできる」という自信と信念（自己効力感）をもっていたとしても、「この学年（部）ではやっても無駄だ」と感じている（＝チーム効力感が低い）場合、教師は個業に向かってしまい、学習指導や学級経営のよい結果につながりにくいのです。分掌や学年などのチームでの教職員の関係性が、学力向上や優れた学校経営には重要というわけですが、このようなチーム効力感が高い学校（あるいは学年等）とそうではない学校、あなたの学校はどちらに近いでしょうか。

■学校事務職員の得意なことを業務改善に活かせ

　演習問題に戻ると、山田校長は事務職員にあまり期待していない様子です。もちろん、いろいろな人が校長にも事務職員にもいますので、適材適所というところはあるのですが、④チームづくりの観点からは、もったいない気はします。

　次のエピソードは、小・中学校の事務職員の方（複数人）から実際聞いた話です。

　職員会議で「これからも教職員で力を合わせてがんばっていきましょう」と校長が話をしたとき、「教職員」の中にわたしって入っているの？　って思いました。

　「チーム学校」などと言っても、教師が大多数を占めるなかで、事務職員はチームに入っているでしょうか。事務手続きをしてくれたらいいや、という程度ではなく、教師とはちがった見方でのアイデアを聴いてみてはいかがでしょうか。

　とりわけ、事務職員が活躍しやすいのは、第6章で紹介した業務

165

フロー分析（業務の手順、手続きを洗い出し、問題点や非効率なところを分析すること）や、今後のアクションプランに落とし込む作業のときです。こうしたことは、行政職のほうが得意な部分もあるようです。ぼくの知人の小・中学校の事務職員（複数）は、共同実施のなかで、複数校の要改善点を持ち寄り、分析し、教育委員会とも連携してどのような施策を打っていくか、工程表にして To Do を明確にしています。そして数ヵ月ごとに進捗を確認しながら、軌道修正を図っていきます。ごくオーソドックスな手法ですが、こういう着実なステップアップを進めることが一番の近道ではないかと思います。

■弱さを見せられるチームか

　ところで、チームワークについてヒントとなる本があります。ダニエル・コイル『最強チームをつくる方法』（楠木建監訳、桜田直美訳、かんき出版、2018）では、世界でも最も成功しているチーム、言い換えれば、その分野で 10 年以上にわたってトップ 1 ％の地位を維持しているチームを取材し、分析しています。Google、米海軍の特殊部隊、都市部の貧困地区で大きく学力等を伸ばした公立学校、プロのバスケットボールチーム、映画スタジオのピクサー、コメディ団体、宝石窃盗団などです。併せて、うまくいっていないチームについても分析しました。

　両者のちがいはどこにあったのか。コイルによると、大きく次の 3 点に集約できます。

①安全な環境をつくること（つながりを示すシグナルが帰属意識や結束力を育てる。）
②弱さを共有すること（弱さを見せることで信頼関係を築く。フィードバックをかけ合う。）

第7章 原則4 チームワークを高め、分業と協業を同時に進める

③共通の目標を持つこと（チームの価値観や目標・目的意識を高める。）

①安全な環境をつくることは、「自分はここにいていいんだ。ここでは安心して発言できる」などの信頼が、独創的なアイデアやチームの改善につながるという意味です。演習問題では、校長の発言に教頭としては正面きって意見しにくいようです。こういう職場では、チームワークがよいとは言えません。

②弱さを共有するというのもこれに似ていますが、「このチームでは強がらなくていいんだ」という感覚が共有できれば、信頼が高まり、思いやりと助け合いが生まれやすくなります。ただし、いつもにこにこ仲良くという意味ではなく、時には厳しいこともフィードバックし、改善を図るという点も重要です。

たとえば、自分はITは苦手だと表明すれば、同僚の誰かが助けてくれるかもしれません。若手教師が学級運営で悩んでいる。もちろん一人で考えていくことも時にはとても大事ですが、相談しやすい職員室なら、問題が解決しやすいでしょう。

あなたの学校ではどうでしょうか。どこか強がってはいませんか。弱みを見せづらい職場になっていませんか。

③目標の共有は、ビジョン、戦略が大事だということと重なります。何人も乗っているボートで各々がバラバラの方向に向かって漕いでも前に進まないのと同様、ある程度、方向性や方針は共有しておくことが大切です。

ストレスチェックの結果や校長等への部下からのフィードバック調査なども、職場の様子をモニタリングする上ではひとつの参考になります。教師の負担軽減だけのためでなく、よりよい教育にしていくためにも、学校のチームワークを高める手立てを進めましょう。

■ Summary

原則4 チームワークを高め、分業と協業を同時に
進める

◎学校は、個業化し、チームとしての力を発揮できていな
いのではないか。①ビジョン、戦略、②組織体制、③労
務管理、④チームづくりの4点を確認してほしい。

◎対症療法に時間を割いても、根本的な解決にならないば
かりか、特定の人への負担が増す。目の前のことばかり
に一生懸命で本当によいのか、学校のビジョンをもとに
振り返る必要がある。

◎どの組織でも特定の人に仕事が集中しやすい。校長や教
頭は、業務量の調整と役割分担の見直しに動くべきだ。

◎教頭自身のさまざまな仕事も仕分けて、一部はやめる、
一部は学校事務職員らと分担しつつ、協力してあたるこ
と（分業と協業）が必要。

◎弱さを開示して協力し合えるチームは強い。学校はそう
なっているだろうか。

第8章

原則5

勤務時間内で
しっかり授業準備できる
環境をつくる

■演習問題＃9　世界一のマルチタスク、ノンストップ労働？

　次のタイムラインは、小学校4年の学級担任、江戸川先生のある1日です（複数の実話を参考に作成した仮想のもの）。

【問1】江戸川先生の1日を見て、改善できそうなところはありますか。保護者等と分担、協力できることなども含めて、アイデアを出してみてください。

【問2】江戸川先生が勤務時間内でもっと授業準備ができるようになるには、【問1】の業務改善に加えて、どのようなこと（政策等）が必要だと思いますか。

7：20	出勤。職員室で荷物を整理して、すぐに教室へ。窓を開けて空気をフレッシュに。あっ、そういえば、2時間目の国語のプリントを印刷しなきゃ。
7：40	早い子は登校してくる。挨拶を交わしつつ、前日にやり残した仕事を片付ける。
7：55	不登校ぎみだったAさんが保護者と登校。保護者ともしばし話をする。
8：15～8：30	え～と、8：15から勤務時間（ということらしい）。朝学習。漢字の練習や読書など。担任にとっては、体調の気になる子へのケアや連絡帳の確認などをこなす時間。
8：30	朝の会。出欠をとる。日直の進行を見守りつつ、宿題のチェックもする。
8：40～12：10	授業（4コマ）。たまにB君は情緒不安定で、教室を飛び出す。休み時間もなかなかトイレにも行けない。今日も、数の少ない重いICT機器を持ち運ぶはめに。

第8章 原則5 勤務時間内でしっかり授業準備できる環境をつくる

12：10〜12：50	給食。配膳係がちゃんとできているか、やけどや嫌がらせはないかなど、目が離せない。1人アレルギーの子もいるので、毎日献立も細かくチェックしている。 自分の分は10分もかからず、早食い。その後、授業で提出してもらったシートのコメント書き。よくできましたハンコだけだと、前にクレームがあったしなあ。
12：50〜13：10	掃除。担当場所を巡回。すぐにふざけるやんちゃな子たちへの目配りは欠かせない。
13：10〜13：30	昼休み、児童の。担任はここでやっとコーヒーを飲めるときもあるが、今日は5時間目の理科の実験の準備に取りかかる。
13：30〜15：10	授業（2コマ）。眠くなる子もいる、そりゃそうだよね。
15：10	帰りの会
15：20〜15：30	校門で下校の見守り
15：45〜16：30	一応、休憩時間ということになっているらしい……。丸付けをしたり、コメント書きをしたり。わたしも含めて誰も取っちゃいない。
16：30〜19：00	行事（PTA主催の1/2成人式など）の準備。掲示物は簡単でいいとは思いつつ、他の学級にも合わせてある程度のものにはしなくちゃ。16：45までが勤務時間だけど、その存在を忘れるところだった。翌日の授業準備も必要だけど……、おっと、教育委員会に提出する書類、締め切り、過ぎてる？
19：00	帰ろうとしたところ、ある保護者から電話。結局1時間近くかかった。やれやれ。
20：00	退勤！ お疲れ様、自分。

■まずは業務改善で仕事の総量を減らしていく

　この演習問題は小学校教諭のものですが、中学校や特別支援学校も似たところはあるかと思います。いくつかの特徴をあげると、

➤多岐にわたることが担任の仕事として降りかかっている

➤休憩の取れないノンストップ労働である

➤教師の裁量、工夫が及びにくい仕事が入る（保護者からの電話等）

➤それらの結果、正規の勤務時間は無視せざるを得ないような働きぶりになっている

　【問1】業務改善できるところはあるでしょうか。

　〈原則3「先生がやって当たり前」を仕分ける〉で触れましたが、いくつかの業務を見直すことはできます。プリントの印刷やICT機器のセッティングなどはスクール・サポート・スタッフに、理科の実験準備は理科の支援員に、丸付けやコメント書きの一部はIT化などです。

　こうした見直しは予算が必要となりますので、国、教育委員会、法人等で頑張ってもらう必要がありますが、予算がなくて、できることも多くあります。たとえば、提出物や宿題を出すことで安心してしまっている教師も児童生徒もいますが、本当に必要なものに絞っていくことを考えましょう。

　また、この例では1/2成人式ですが、学校行事、あるいはPTAや地域のイベントも、そもそもなんのために行っていますか？　ひょっとすると、保護者や地域の側も例年やっているからということで何となく企画していないでしょうか。

■保護者等の理解を得るには、まずは知ってもらうこと

　学校の働き方改革を進めようとすると、保護者や地域の理解、協

第8章 原則5 勤務時間内でしっかり授業準備できる環境をつくる

力が不可欠となります。この演習問題では、PTA行事の見直しやコメント書きの簡素化などです。ぼくの講演などでは「保護者等の協力を得るにはどうしたらよいでしょうか？」という質問を学校の先生からよくもらいます。

とはいえです。**「協力」を期待する前に学校がやるべきこと**があります。それは「開示」、オープンになっていくことです。保護者の多くは学校の実態を詳しくは知りません。**知らないのに、理解せよ、協力せよと言われても、困ります。**

おそらく、PTA役員であっても、今回の演習問題のような教師の1日はよく知らない人が大半です。授業参観や運動会などだけではなかなか見えません。白鳥は、水面下でバタバタしていますよね。でもそれは、綺麗なところだけ見せているうちはわからないものです。

部活動が教育課程外であり、教師の異動・配置は部活動で決めているわけではないことも多くの保護者は知りません。「去年の顧問は指導力があって、土日もよく面倒みてくれたのに、今年の先生はやってくれない」と生徒や保護者が残念に感じるのは自然な気持ちなのですが、「部活動というのは、学習指導要領でも絶対やりなさいというものではなく、この学校にいる教職員で、できる範囲でしかできません」ということを共有していく必要があります。また、部活動は事実上教師のボランティアで支えられていることや、公立高校入試にほとんどが影響ない（※）ということも、生徒、保護者と共有していくことが必要です。

（※）よほど顕著な実績のある場合や推薦入試を除いて。面接試験を行っている場合はPR材料にはなるでしょうが。

あるコミュニティ・スクール（学校運営協議会）でのこと。部活

動顧問の苦労とやりがいについて何人もの先生に語ってもらいました。ある先生は「最近子どもが生まれたのですが、なかなか自分の子の面倒は見られません。部活にやりがいは感じますが、このままでいいのかなという悩みはあります」、別のある先生は「柔道部の顧問ですが、自分は未経験です。怪我や事故が起きないか、いつも心配です」という話をしてくれました。こういう話は、普通の保護者はなかなか聞く機会はありません。

　ぼくは**図表8−1**の4つのステップを提案しています。情報の共有と思いの共有がしっかりしていないと、アクション（行動）にはいきません。

図表8−1　保護者等の協力を促す4つのステップ

出典）妹尾昌俊『変わる学校、変わらない学校』（学事出版、2015年）

　横浜市立中学校の民間人校長をしていた平川理恵さん（現広島県教育長）は、年度初めの保護者向け説明会でこんな話をしていました[*54]。

　部活動は、日本の教育にとって非常に大切な役割を担っています。（中略）しかし、ここではっきりとお伝えしたいのは、部活動は学校の教育活動の一部ではありますが、教育課程ではないということです。つまり、国語・数学（中略）などの教科と

＊54　平川理恵『クリエイティブな校長になろう』教育開発研究所（2018）p.186より一部抜粋。

第8章 原則5 勤務時間内でしっかり授業準備できる環境をつくる

は違うのです。（中略）今後、中川西中学校として、部活動の
練習量が多すぎる、また少なすぎるなどのご意見は一切受け付
けません。

　平川さんらしいハッキリした言い方ではありますが、中川西中で
は「学校の主軸は教育課程。教師は授業で勝負！」ということを教
職員にも保護者にも何度も伝えていました。情報の共有と思いの共
有を大切にした学校経営です。

■朝の登校時間は適切か

　今回の演習問題のように、教職員の勤務時間より早く子どもが来
ることはザラです。しかも、PTA役員でさえそうですが、ほとん
どの保護者は教職員の正規の勤務時間など、知りません！

　学校としては、まずは勤務時間が何時から何時までであり、教職
員の健康とワークライフバランスも大事な今日、原則として、勤務
時間内で仕事ができるよう協力してもらいたい、という情報を
PTA・保護者ともっと共有するべきです。

　では、**子どもの登校時間が早い問題**をどうしたらよいでしょうか。
選択肢はいくつかあると思います。たたき台として提案します。

①正規の勤務時間にあわせて、登校時間を設定し、それ以降で
　ないと入れないようにする。
②学童保育や放課後子ども教室の朝版を運営してもらえないか、
　教育委員会、子育て支援課、運営団体等と交渉する。
③勤務時間外に学校内で起きた怪我等は、学校の故意または重
　大な過失がないかぎり、学校側の責任外とするよう、保護者
　と契約を結ぶ。
④保護者や地域の支援を借りて、担任等以外の大人が朝の子ど

175

もたちを教室等で見守れるようにする。

どれも一長一短がありますよね。①ですと、保護者にとって不便だという声は当然上がるでしょう。特に小学校低学年であれば、保護者が自宅を出て子どもだけ残しておくのは不安なことでしょうから。遅めの出社が認められるなど、事業者側など社会の理解も不可欠になります。

②は最も体制としてはしっかりしたものになりそうですが、相応の予算がかかります。

③は、どうしても子ども同士のことです。大人が見ていない間は悪ふざけをしたり、事故やいじめといったことが起きたりすることもあるでしょう。いくら契約上、重大な過失がないかぎりなどとしても、学校は「知らぬ、存ぜぬ」とはなかなかいかないでしょう。

④は大きな予算がかからず、保護者の不便さも少ない方法ですが、こうした支援者がいるかどうかという問題があります。

中教審答申では、次のように書いていますが、登校時間について「周知しましょうね」だけではいかにも弱腰。もっと踏み込んだ策を考えるべきだと思います。

教育委員会は、早朝や夕方以降の時間帯において、児童生徒の適切な登下校時間を設定して保護者に周知するとともに、非常災害の場合や児童生徒の指導に関し緊急の必要性がある場合を除き、教師が保護者対応や外部からの問合せ等の対応を理由に時間外勤務をすることがないよう、緊急時の連絡に支障が生じないように教育委員会事務局等への連絡方法を確保した上で、留守番電話の設置やメールによる連絡対応等の体制整備に向けた方策を講ずるべきである。(p.21)

第8章 原則5 勤務時間内でしっかり授業準備できる環境をつくる

■留守電は最も喜ばれる施策のひとつ

先ほどの答申にもありましたが、留守番電話についてです。演習問題では19時から電話対応が入っていました。

2、3年前までは考えられなかったことですが、最近は、夜や早朝は留守番電話にする学校も少しずつ増えてきました。「勤務時間外における保護者や外部からの問合せ等に備えた留守番電話の設置や、メールによる連絡対応の体制を整備している」と回答した教育委員会は、都道府県9（19.1%）、政令市7（35.0%）、市区町村は201（11.7%）です（2018年4月1日時点）[55]。地域によっては、教育委員会ないし学校とPTAが連名で、保護者宛に理解を求めるお便りを出す例もあります。

留守電は、教職員には非常に喜ばれる施策のひとつです。しかも、**いざやってみると、保護者からのクレームはなかったという先行例も多い**です。

ただし、なかには、緊急性の高いこと、たとえば、事件に巻き込まれた、親から虐待を受けている、自殺したいと思うくらいつらい、そういうケースもあります。「そこは警察や児童相談所、いのちの電話の役割でしょ」と言っても、そうはいかないケースも多々あると思います。見ず知らずの大人には相談できない（あるいは相談先があることも知らない）、教師にしか声を出せないという子もいるからです。この点には配慮した取り組みが必要です。緊急時の連絡先（校長や教委など）は確保・通知しておくべきでしょう。

留守番電話ではメッセージを残せないもののほうがよいようです。あとで、学校はメッセージを聞いていないのか、といったトラブル

---

[55]　前掲 [32] 文部科学省「平成30年度教育委員会における学校の業務改善のための取組状況調査結果」（2018年8月22日）

になりかねません。

　また、留守電は「お互い時間を意識しようね」という保護者等向けの啓発効果もあります。

　札幌市立屯田小学校では、近所で不審者情報があると、保護者向けのお知らせを配りますが、そのときに必ず「なにかあったら110番！」というのを大きな字で載せます。これも、学校管理外のことを安易に学校に頼ろうとするのではなく、警察の役割も大きいことを暗に啓発しているのです。

　もちろん、こうした情報共有や啓発は学校単独でもできますが、市区町村単位など広域で進めることも有効でしょう。

　さらに踏み込むなら、ぼくは昼間のコアタイム（電話や来客を原則受け付けず、業務に集中する時間）をつくる学校があってもよいと思います。ご存じのとおり、電話は否応なしに一方的に相手の時間を奪います。また、一度作業が中断されると、前の状態まで戻すのに時間と精神力を使いますよね。学校にもどこかで集中タイムがあってもよいのではないかと思います。

■学校に見守りの大人をもっと入れる

　朝の時間だけではなく、この演習問題のように授業中や休み時間なども支援や見守りが必要な児童生徒はいます。正直、担任だけに背負わせるには重い事案も増えています。

　特別支援教育支援員など、正規の職員が増えるのが一番でしょうが、ある学校では、授業公開日以外でも日常的に保護者や地域のボランティアが、授業中や給食、清掃、休み時間等の支援に入っています。さりげなく、気になる子を見守ったり、声をかけたりします。そうするとクールダウンしたり、自己肯定感が高まったりすることも多々あります。

第8章 原則5 勤務時間内でしっかり授業準備できる環境をつくる

　ぼくの住む逗子市では、保護者向けに自閉症やADHD、学習障害などの理解を深める専門家による講座（全7回）を市が開催しています。テキストなどは保護者の自腹ですが、毎年満員になるほど人気です。

■改革、改善を阻むのは保護者か？

　情報の共有の次は、目標の共有を進めるというステップです。

　教師の長時間労働によりどんな影響があるかについても、保護者等と話をしていくことが大事だと思います。保護者の多くは「先生たち、大変でかわいそうだ」と思ってくれるかもしれませんが、「でも、うちの夫（または妻）も毎日遅くまで仕事していて、忙しいな……」という保護者も多くいますので、共感を得られにくい場合もあります。

　ぼくが保護者向けに講演等を行うときには、先生たちの窮状を伝えるだけでなく、それが子どもたちにも悪影響である、ということを強調します。「翌朝眠い、疲労が溜まったままではよい授業にはならないですよね」「やはり先生たちには魅力的な授業づくりの準備に時間をかけてほしいですよね」という話をします。

　よい授業をするという共通目標のもとでは、保護者等は学校にとって対立する存在というよりは、組める相手であることが多いはずです。

　行事や部活動の縮減などは、もちろん、保護者等から強い反対もあるでしょう。ですから、保護者等と対立する場面もあるとは思います。ですが、時にはそうであったとしても、組める部分も大きいということ、より上位目標をもとにして捉えてほしいと思います。

　実際、保護者や地域の方（子どもたちの見守りや地域学校協働活動などに携わる方）と教職員が一緒になって、ワークショップを行い、学校がこれまで担ってきたものでもっと減らせるものや、保護

179

者・地域と分担、協業できるものはないか、アイデアを出し合う例もあります（埼玉県伊奈町など）。

　ともすれば、学校側は、こういう提案をすると保護者等が反対するだろう、クレームに発展して後々面倒になるかもしれない、という"忖度"を働かせ過ぎている場面があるのではないでしょうか。

　こうした、ある意味でのリスク感覚はよい方向に働く場面もあると思いますが、ともすれば、忖度し過ぎて、改革・改善に自分でブレーキをかけてしまうこともあります。**改革・改善を阻むものは、おそらく学校のウチにある**のではないでしょうか。

　簡易な保護者アンケート（意向調査）をしてみてもよいでしょう。Google など IT を使えば集計も簡単にできます。学校はどうしてもクレームを言ってくる少数派に過敏に反応しがちです。もちろん少数意見を無視してよいということではないですが、全体的な状況を把握しておいたほうが、さまざまな人に説明しやすいと思います。

　今の学校の弱点は、保護者等と双方向で対話する機会がほとんどないという問題です。PTA 総会にはあまり集まりませんし、学校便りなどだけでは一方通行です。ちょっとした茶話会やワークショップなど、気楽に日頃感じていることやギモンに思っていること、今後に向けたアイデアを投げかけられる場が、もっとあったほうがよいですね。それが働き方改革にもつながってきますし、何より、子どもたちを学校と保護者等が連携して育んでいくことになります。

■そもそも勤務時間内に収まらない仕事量

　以上のような見直し、業務改善を進めても、なお、厳しい状況である、ということはあります。とりわけ、小学校等でのノンストップ労働は、業務改善だけでは解消しない問題です。

　また、この演習問題の江戸川先生のように、休憩時間を除くと、

図表8-2 小・中学校教諭の1週間の持ち授業数

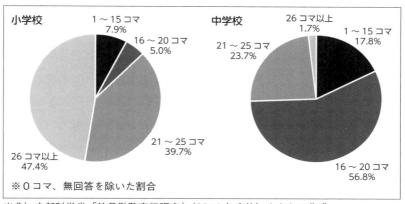

出典）文部科学省「教員勤務実態調査」（2016年実施）をもとに作成

　児童の下校から正規の勤務時間終了までのあいだは、実質30分あるかないか、ということも多々あります。あと30分でどれだけ授業準備ができるのでしょうか。しかも、やらないといけないことは授業準備以外にもいっぱいあるのに。

　教師がもつ授業コマ数を調べたところ（国の教員勤務実態調査、2016年実施）、**小学校では週26コマ以上が47.4%**、21～25コマも39.7%もいます（**図表8-2**）。中学校では16～20コマが56.8%、21～25コマが23.7%で、26コマ以上は1.7%です（いずれも0コマ、無回答を除いた割合）[56]。

　26コマもつと、時間割としては週28、29コマの学校が多いでしょうから、2～3コマしか空き時間はないということ。その空き

---

[56] なお、高校については恵まれています。国の学校教員統計調査（2016年度）によると、公立高校の場合、週20コマ未満の教師は86.1%を占めますし、授業をもつ教師の平均コマ数は週に15.4です。高校の場合、進路指導などが大変という小・中とは別の問題がありますが、空き時間という意味では給食指導もないし、ずいぶんよい環境です。

コマも休憩ではなく、委員会・クラブ活動、授業準備、宿題のチェックとコメント書き、各種事務、会議などが入ります。しかも、新しい学習指導要領で外国語などが増えるなかで、小学校の多くの教師の授業時数はさらに増える見通しです。

さらに付言すれば、小学校では新規採用教員であっても、いきなり学級担任となることがほとんどです*57。小学校教員の定数の決め方が学級担任制を前提としていますので、いわゆる級外（学級担任をもたない人）は多くは出ない計算式になっていて、新採だろうが担任をもたないと、学校は回らない制度となっています。

入社して3、4日しか経っていない新人に、いきなり大きな仕事を任せる企業や役所はほとんどないでしょう。小学校教員の定数の決め方は、大きな問題を含んでいます。

■小学校教員の持ちコマ数を減らすことは優先課題

「子どもたちのためになるから」「前からやっていることだから」と言って、学校と教師の仕事を増やしてきたのは、個々の教師の意識や学校のマネジメント上の問題も大きいのですが、それだけの責任にはできません。教育行政（文科省や教育委員会）もそう言って、少ない教員数のまま、現場に負荷を増やし続けてきました。

これは、意識の問題ではなく、教員定数という国の制度と国・都道府県等の予算の問題です。

小学校では学級担任が、国語、算数、理科、社会（理科、社会は1・2年生では生活科）、音楽、図画工作、家庭、体育、外国語（外国語活動）、道徳、総合的な学習の時間と、最大11種類もの教

＊57　学級担任を受け持つ新任教師は、小学校95.9％、中学校57.6％、高校19.1％、特別支援学校61.8％です（文部科学省「初任者研修実施状況調査結果（平成28年度）」）。

第8章 原則5 勤務時間内でしっかり授業準備できる環境をつくる

科等を担当します。プラス、学校行事や学級活動、委員会・クラブ活動などもあります。専科教諭などが配置されていて、もう少し教科数は少ない学校も多くありますが、一人が8つも9つもの授業準備を入念に行うのは無理があるでしょう。

ちなみに、小学校の学習指導要領（平成29年告示）が何ページあるか、ご存じですか。

参考資料も含めて、335ページです！ 誰がこれほどの分量を読みこなせるというのでしょうか。文科省の担当と教科書会社くらいではないですか（苦笑）。しかも、学習指導要領だけでは抽象的な言い回しだったり、具体例が少なかったりするので、学習指導要領の解説を読まないといけません。解説も含めるともっと膨大な量になります（えーと、算数だけで付録を含めて400ページの大著！）。もちろん、担当学年のところを中心に読めばよい話ではあるのですが、それでも働き方改革に逆行した話です。

一事が万事この調子で、文科省は小学校教師に何をどこまで期待しているのか、甚だギモンです。

文科省は小学校高学年に教科担任制を導入することを検討するようです[58]。横浜市立北山田小学校では、同じ学年の3クラスの担任の間で、ゆるやかな教科の分担、交換をしています（全学年で）。この場合、2〜3教科分減ることになりますので、負担軽減になります。また、担任ばかりに任せきりにせず、学年がチームとして子どもたちに当たろうという気運を高める効果も見られます。

現行でもこうした工夫はできるのですが、これだと持ちコマ数の減少、空き時間（自由時間）の増加にはなりません。**小学校の教員**

＊58 中央教育審議会「新しい時代の初等中等教育の在り方について（諮問）」2019年4月17日

定数増を進めつつ、教科の交換、分担がしやすいものにしていくべきです。高学年に限らず。

　実は、教員定数増以外にも政策の選択肢はいくつかあります。ひとつは夏休みや冬休みをかなり減らして、その分、平日の授業コマ数を減らすという方法です。もうひとつは、教員免許制度を緩和させて、一部は教師が立ち会わなくてもよい授業でもよしとする方法です（IT等を使った補習やテスト、あるいは企業、NPO等による探究的な学びなど）。もちろん、こうした政策や授業、長期休業のあり方には功罪がありますし、全国どこの学校でもできるとは限りません。慎重な試行と検証が必要でしょうが、やはり定数増が王道かつ不可欠でしょう。

■給特法：法律上もビルド＆ビルドになりやすい

　政策論としては、教員定数のあり方（特に小学校）などのほかにも重要なのは、給特法の問題です。

　「公立の義務教育諸学校等の教育職員の給与等に関する特別措置法」というこの長い法律のもと、公立学校の教員の場合、何らかの業務や役割が追加されて超過勤務が増えたとしても、国も自治体も、財政上は圧迫しないカラクリになっています。

　中教審でも給特法をどうするのかは大いに議論になりました。また、著名な教育学者による団体は、給特法の改正を求めています（「学校の働き方を考える教育学者の会」）。

　複雑な制度ですし、論点も多岐にわたるので、本書ですべてを解説することはできませんが、大きく次の3点が重要かと思います。

　論点①　いわゆる超勤4項目以外について、教員の自発的勤務とされてきたことを改めるべきか。

第8章　原則5　勤務時間内でしっかり授業準備できる環境をつくる

> 論点②　労働基準法の規定と同じく、公立学校の教員にも時間
> 　　外勤務手当が出せるようにするべきか。
> 論点③　教職調整額は現行では月例給与の４％相当であるが、
> 　　上げるべきか。

　論点①は、現行制度では、修学旅行や非常災害時など、特定の４
項目に関する業務について、臨時又は緊急のやむを得ない必要があ
るときにしか、校長は教師に超過勤務せよと命じることはできませ
ん（第４章）。これは、このとおりに運用されるならば、という条
件付きではありますが、教師の長時間労働を抑制する制度でもあり
ますから、中教審ではここは維持するべきという意見になりました。
　ですが、この４項目以外については、校長による超過勤務命令は
出ていないけれども、残業しているというのが、多くの教師の現実
です。テストの採点や部活動などによる時間外勤務はその典型例。
これらについては、判例などでも教師の「自発的勤務」、つまり、
命令はないけれど、教師が自分の判断でやっていることとされてき
ました。いわば、法律上は特段何も規定していない、歯止めもかけ
ていない、エアーポケットになっています。
　そのためもあって、公務災害の認定機関の判定や裁判例によって
は、「その残業は教師が勝手にやってきたでしょう」と言わんばか
りの考え方で、過労死等と疑われる事案であっても、時間外に行っ
たことを勤務、公務としては認めない（したがって、過労死等とは
認められない）とするものもこれまでありました[59]。
　今回の中教審の結論と文科省の動きとしては、当面のところは給

---

[59]　現行制度は「教員の過労死に係る公務災害認定は遅々として進まないという
　理不尽な事態を惹起している」との批判もあります。樋口修資「給特法見直しとワ
　ーク・ライフ・バランス実現」、『内外教育』（2017年12月26日）時事通信社。

特法と関連する政令*60 は改正せず、勤務時間の上限に関するガイドラインによって、従来自発的勤務とされてきたものも、在校等時間として勤務時間管理の対象にすることで、しっかり可視化、把握して、残業縮減を図る、ということになりました*61。過労死等の公務災害についても、起こらないようにするのが一番ですが、万が一起きた場合は、従来よりも迅速に認定されやすいように変わることが期待されています*62。

ただし、妹尾の個人的な意見としては、ガイドラインという法的拘束力のないもので対処するのではなく、給特法と関連する政令において、自発的勤務という位置づけは見直すように明確にするべきだと考えます。

■残業代を払って時間外抑制となるのか

論点②は、意見が分かれるところです。先の教育学者の会をはじめ、有識者等の中にも時間外勤務手当を支給するようにするべき、との考え方は強くあります*63。この主張の前提には、そのほうが、自治体の懐が痛むので、時間外労働を抑制する方向に働くだろうとの見通しがあるのだと推察します。

---

*60　「公立の義務教育諸学校等の教育職員を正規の勤務時間を超えて勤務させる場合等の基準を定める政令」

*61　ただし、中教審答申の本文と工程表には、勤務時間の上限のガイドラインを法的に位置づけるような工夫を行うとしていますし、給特法の見直しは中長期的な課題としています。

*62　文科省もその見解です。上限ガイドラインについて「万一不幸にして公務災害が生じた場合に、適切な公務災害認定を行う上でも極めて重要であるというふうに認識をしている」と説明しています。学校における働き方改革特別部会（第20回）議事録（2018年12月6日）。

*63　たとえば、内田良・苫野一徳『みらいの教育──学校現場をブラックからワクワクへ変える』武久出版（2018）、前掲*7教職員の働き方改革推進プロジェクト『学校をブラックから解放する』学事出版（2018）、内田良・斉藤ひでみ『教師のブラック残業』学陽書房（2018）などが参考になります。

第8章 原則5 勤務時間内でしっかり授業準備できる環境をつくる

　本当にそうなるでしょうか。

　大御所の先生たちにケンカを売るようですが……、ぼくは時間外手当化には賛成できません。理由は3点あります。

　第1に、残業を減らす人の意欲をそぎかねない影響があります。

　国も自治体の多くも厳しい財政状況が続いていますし、高齢化等で今後は一層悪化することは確実です。時間外手当化にすると、現行の教職調整額の全部か多くをつぶして、それを財源にして残業代を支給することになるでしょう（※）。無い袖は振れないのですから。

（※）これはぼくの推測であって、文科省等がそう言っているわけではありません。

　その結果、どうなるでしょうか。頑張って残業を少なくしている教師の場合、現行よりも月給が下がることになる可能性が高いと考えるのが自然でしょう（ついでに言うと、今の教職調整額は退職手当にも反映されますが、そこもなくなるので、退職手当上もマイナスになります）。対照的に、部活動指導の時間が長い先生や、仕事が多い先生、あるいは、仕事のスピードが遅めの先生は、残業代を多めにもらえます。これではむしろ、長時間労働を減らすインセンティブになりません。

　第2に、時間外手当を支給することは、**時間外勤務を固定化してしまうリスク**があります。

　企業人に対する調査結果ですが、前掲の中原淳ほか『残業学』によると、「生活のために残業代が欠かせない」と思っている人のほうが、そうでない人よりもより長く残業をしている、ということがわかっています。

　「残業せざるを得ないほど仕事が多いから残っているのであって、残業代欲しさのために残る先生は、そういませんよ」という反論も、

187

もちろんあるでしょう。そういう先生が多いだろうと、ぼくも予想します。ですが、企業等の先行例も参考に、残業代を出すことが果たして残業抑制にプラスになるのかどうかは、よく検証していくべきです。

　以上2点に関連しますが、時間外手当化の是非をめぐって、そもそも、根本的な疑問があります。

　教師の仕事の成果、パフォーマンスは、かけた時間と比例するとは限りません。むしろ、仕事は早く切り上げて、勉強会や趣味、旅など、さまざまなところに出かけて行って、あるいは育児等の経験をして、視野を広げる。そういう教師の授業のほうが、子どもたちの好奇心や思考力を高められることも多いでしょう。教師に生活上のゆとりを増やして、よりよい授業ができるようにしていこう、働き方改革の趣旨のひとつはそういうところにあります（第2章、第5章）。

　この趣旨に時間外手当化は沿わないと考えます。

　時間外手当化に対する3点目の疑問、批判は、1点目とも深く関わります。残業する人ほど得になるようではオカシイので、能力・実績に応じた人事評価と処遇にしていくことは、今以上に強くなると予想できます。つまり、時間外が長く、かつローパフォーマーには残業代は時間外勤務の必要性等を精査した上で出すが、勤勉手当等の額は抑えていくという発想です。

　はたして、これがうまくいくでしょうか。ぼくにはギモンです。現行制度でも校長による人事評価は、教職員の納得の高いものになっているかと言えば、ネガティブな人もいるでしょう（どんな制度であっても100%満足なんてことはあり得ないですが）。

　評価の妥当性等が不十分なままで処遇上大きな差を付けてしまうと、教師間で不公平感が増したり、モチベーションを下げる人が出

第8章 原則5 勤務時間内でしっかり授業準備できる環境をつくる

てきたりします。時間外手当化と能力・実績主義の強化で、教職員のチームワークをギスギスさせてしまうような結果を招くのであれば、それは改革ではなく、"改悪"です。

また、現行の給特法の下でも、超勤4項目以外の業務を労働基準法36条の対象として、36協定を結んだうえで残業を抑制していく考えを提案する識者もいます[64]。しかし、この見解も、36協定と財政的な痛みがあれば、時間外勤務の抑制は進むという楽観的な前提に基づいていて、ギモンが残ります。すでに36協定と時間外手当化を進めている国立附属学校や私立学校でも、長時間労働は深刻ですし。

ただし、ぼくの意見には弱点があるのも知っています。労働基準法上は、労働には賃金という対価を払うべしというのが原則なわけです。妹尾の説のように、超勤4項目以外で必要な時間外勤務を自発的勤務とせず労働と認めるのに、手当支給を否定するとなると、この原則から外れます。

現状でも、この例外的な扱いに最も近いものとして裁量労働制がありますが、主として研究に従事する大学教授らは対象となっている一方、小・中・高・特支の教師は対象とはなっていません。また、現実的に、小・中・高・特支では裁量労働制のように自由に出退勤時間を決めていい仕事とはならないでしょうから、裁量労働制をそのまま適用できるとも思えません。が、給特法の見直しに際しては、裁量労働制に近い制度のあり方を含めて、検討する必要があるのではないでしょうか。

もっとも、裁量労働制には長時間労働を助長しているという批判

---

[64] 高橋哲「教職員の『多忙化』をめぐる法的問題」、萬井隆令「中教審『答申』をどう読むか」（いずれも『法学セミナー2019年6月号』日本評論社）

もありますから、検討にあたっては、勤務時間の把握や労働安全衛生体制の充実などを含め、本書で述べたさまざまな策を講じることが前提となります。

　論点③は、今の４％では、長時間労働の割に合っていないと考えるかどうか。４％の根拠は、昭和41（1966）年度の「教員勤務状況調査」の結果から想定される１週平均の超過勤務時間が１時間48分であったことですが、現在では１日で２時間以上の超過勤務が発生している教師が多いのが実情ですから、大きく乖離しています。

　４％がこのままでよいとは思えませんが、財源が限られている以上、本当に調整額を上げることが優先順位の高い政策かどうかはギモンです。そのお金があるなら、小学校教員の定数増に使ったほうが残業削減には効果的ではないでしょうか。

　ラフな推計ではありますが、仮に小学校教師について４％から30％近くに引き上げる、中学校教師について40％程度に引き上げるとすると、控えめに考えても、国・地方合わせて必要となる財源は9,000億円を超えるのではないかという話が文科省からもありました[65]。"取らぬ狸の皮算用"ですが、正規教員１人あたり約600万円かかると仮定すると、15万人雇える規模です。

　もちろん、両方できるとよいのですが、それには世論の大きな支持が不可欠です。

■給特法も年間変形労働も本丸ではない

　半世紀近く前にできた給特法は、前提とする事実認識からして、今日とは大きくかけ離れているのではないか、給特法は第１条から

＊65　学校における働き方改革特別部会（第8回）議事録（2017年11月28日）

第8章 原則5 勤務時間内でしっかり授業準備できる環境をつくる

見直していくべきではないか、とぼくは考えています[66]。しかし、給特法改正が優先度の高い政策課題かと言われれば、論点①～③で述べた理由でギモンが残ります。

　また、今回の答申では年間変形労働時間制の導入が提案されました。これは、学期中に正規の勤務時間を、たとえば、1日7時間45分であるところを、9時間45分の日をつくり、その分、夏休み中などで休みのまとめ取りをしやすくするものです。答申では「休日の増加によるゆとりの創造と年間を通じた勤務の総時間の短縮を目的に、その導入が図られるようにしなければならない」（p.49）と述べています。

　今後の選択肢としてはあってよいと思いますが、年間変形労働時間制にしても、いわば、残業時間の付け替え的なものですから、業務量が減るものではありません。これが働き方改革の目玉と思われても、困ります。なお、現状でも有給休暇を余らせている教師も多いのが実情です。年間変形労働などややこしいことをせずとも、年休取得の促進で対処するという方法もあります。

　さらに付言すれば、年間変形労働時間制により、教頭職らの管理コストが増大することが心配です。さまざまな勤務体系の人が増え

───────────────

＊66　給特法第1条は、「職務の特殊性」と「勤務態様の特殊性」を根拠に、地方公務員の中で公立学校教師を特殊なものと扱っています。「勤務態様の特殊性」については、たとえば放課後に図書館等で教材研究したり、夏休み中に自宅で研修に励んだりして、校長が勤務の実態を直接把握しづらいことなどが立法当時は想定されていたようですが、今日、多くの教師は残念ながらそんな余裕はありません。「職務の特殊性」については、教師はきわめて複雑、困難、高度な問題を取り扱っており、一般の労働者や一般の公務員とは異なる特殊性をもつと考えられていますが、それを言うと、保育士や医師なども特殊でしょうし、なぜ教師だけ特殊なのかの説明が十分とは思えません。また、仮に公立学校の教師に「職務の特殊性」も「勤務態様の特殊性」もあると認定したとしても、それが国立・私立学校の教師にはない、と考えるのは不自然でしょう。なお、国立・私立の教師には給特法は適用されていません。以上のことから、給特法は第1条から、現状とは合っていないのではないでしょうか。

191

ますし、法定での条件をクリアーしているかをチェックする手間も増えます。導入する場合は、慎重に功罪を見ていくべきです。

　持ち授業コマ数の減少などを通じて、勤務時間の中でしっかり授業準備ができる環境づくりを進めることが、国、教育委員会等の役割としては最重要であると考えます。

第8章 原則5 勤務時間内でしっかり授業準備できる環境をつくる

■ Summary
原則5 勤務時間内でしっかり授業準備できる
環境をつくる

◎保護者や地域住民の多くは、学校の勤務実態を知っているわけではない。部活動の位置づけなどにも詳しいわけではない。実態や制度を知ってもらうことから、学校は進めるべきだ。

◎児童生徒の登校時間が正規の勤務時間より前になっている。朝の学童保育を整備することや地域ボランティア等による見守りを置くことなど、今後の方策を検討していく必要がある。

◎夜間等は留守番電話を設置して、教員の勤務時間を意識することを保護者等に啓発するとともに、業務が中断されない集中タイムを設けることは有効である。

◎特に小学校教師は持ち授業コマ数が多く、かつ担当教科も多い。国は教員定数を増やすなどして、小学校教師等の負担軽減を図るべきだ。

◎勤務時間の上限に関するガイドラインにおいて、従来自発的勤務とされてきたものも含めて、勤務時間等の把握と時間外の縮減を図る。

◎給特法については、見直すべき点も多いが、財源上の問題もあるし、時間外手当化は残業削減にマイナスとなる危険性もある。政策上優先順位が高いのは、持ち授業コマ数の減少などを通じた、勤務時間内にしっかり授業準備ができる環境づくりである。

おわりに

「なぜ、妹尾さんは、働き方改革や学校改善に、これほどアツく取り組んでいるんですか？」

　各地で講演・研修などをしていると、時折こんな質問をいただきます。理由は、大きなところでは３つでしょうか。

　１つ目は、熱心な先生の過労死に接したからです。2011 年には堺市立中学校に勤務する 26 歳の前田大仁さんが亡くなっています。教科指導も部活動も熱心で、生徒からもとても慕われていた、教職２年目の若すぎる死でした。

　「主人が亡くなったときは 10 歳だった次女が、もう 20 歳。これからはお父さんのいない月日のほうが長くなります」。一昨年そう話してくださったのは、工藤祥子さん。横浜市の中学校教師（保健体育）だった義男さんは修学旅行の引率後に体調が悪化し、亡くなりました。40 歳。前任校では生徒指導専任と学年主任を兼務し、かつ授業数も規定の上限より多く、進路指導やサッカー部の顧問も担うなど、とても“専任”とは言えない多重の多忙のなかにいました。

　いくら児童生徒思いだからといって、命を縮めるほどの多種で大量の仕事を強いるべきではないし、このような献身的な教師の過労死は二度と起きてほしくない。そう多くの人が共感されると思います。ですが、上記も含め、教師の過労死や過労自殺があっても、検証報告書らしいものはなにも出ないし、再発防止に向けた施策が自治体等を越えて共有されたという形跡もありません。そして、似た事案がそのあとも実際に起きています。

　これはどう考えてもオカシイ。そう感じたのが、ぼくが、教師経験もなく、教育行政関係者でもない、ヨソモノであるにもかかわらず、働き方改革に本格的に取り組むようになったきっかけです。

2つ目は、全国各地にとてもいい先生が多いことを知っているからです。ぼくが中高生だった頃の恩師もそうでしたし、仕事を通じて、ありがたいことに、ステキな先生たちと多く出会いました。ママ友つながりでもある、同じ年の小学校教諭は、3人の娘さんを寝かしつけたあと、朝4時に起きて授業準備などをこなしています。ですが、1つ目と重なりますが、こうした友人たちも"死と隣り合わせ"の現場にいるのです。これはなんとかしたい、自分のできることはしたい、という気持ちで活動しています。

3つ目は、約3年前からぼく自身が脱サラして、比較的自由がきく仕事にライフシフトをして挑戦中であることも影響しています。まだまだ試行錯誤なところはありますが、自分の好きなこと、真に重要と思うことに人生の多くの時間を振り向けられるようになりました。間違いなく、自分や家族の幸福度は高まったと思います。

ついでに申し上げると、働き方改革の成果指標は、時間外月80時間（あるいは45時間）超えの割合とか、残業時間の平均値などとしている自治体が多いのですが、それらに依拠しすぎるのは考えものです。そうした数字のモニタリングは重要ですが、本質的には何がもっと大事かを繰り返し問い直し、共有していかないと、「残業時間が減りさえすればいいのね」と短絡的に考える人も忙しい現場では多くいます。原則月45時間・年間360時間というガイドラインができて、その懸念は強まる一方です。すでに虚偽申告や過少申告が横行している地域もあります。

「教職員が幸せを感じて、イキイキと働けているか」「この仕事を自分の子どもや甥っ子、姪っ子らに自信をもって勧めたいか」「育児や介護、病気を抱えても無理なく続けられると思うか」「自分のクリエイティビティや思考力を高める時間も取れているか」といった指標でもいいのではないかと思います。本書で「Why 働き方改

革？」という点を考えてきたこと（第2章）とも重なる話です。

　話を戻しますね。エラそうなことを言うつもりはないのですが、ぼく自身の生き方をとおして、出口治明さんの提案する**「本、旅、人」から学び続ける人生は、とても面白い**と実感しています（第5章）。

　時間どろぼうの“灰色の男たち”に人生をゆだねるのではなく、自分の時間を取り戻すこと。**あれもこれもという発想ではなく、ある程度真に重要なことを選択した上で、時間対効果を高めて仕事を進めることは、自分とまわりの幸せにもつながります。**このことは、自信をもっておススメできます。

　教師の仕事の多くは、授業準備などを典型として、どこまでいっても100点にならず、キリがない性質をもっていますし、プライベートでの活動や自己研鑽などと仕事を完全に区別するのは難しい場面も多くあります（専門家は無限定性、無境界性などと呼んでいます）。ぼくにとっては、講演の準備や本の執筆なども似ています。映画を観ても、ディズニーランドに行っても、「これは今度研修のネタに使えるな」とか考えていますから。

　ですが、だからといって、どこまでもズブズブやっても、いいものはできませんし、疲れを溜めるよりは、（いいアイデアが浮かばないか、考え続けることはしながらも）リフレッシュしたり、本・旅・人などで視野を広めたりしたほうが、結果的にはアウトプットはよくなると感じます。

　ＡＩ時代に、子どもたちにクリエイティビティや問題解決力などが重要となっているなか、ぼくは、日本中の先生たちにもクリエイティブな時間を楽しんでほしいと感じています。

　以上が、ぼくが働き方改革に本気で取り組む理由です。

　How about you?　みなさんはガチで取り組んでいますか？

おわりに

「学校現場は絞りきった雑巾のようです。国のほうでもっと教員数を増やしてくれないと、ムリですよ」

これも、講演などのとき、しょっちゅうお聞きします。

ぼくも、とりわけ小学校においては、教員数はもっと必要だと強く感じています。トイレに行く暇もないほど、休憩も取れないというのは人間的な労働環境とは言えません。また、教員定数の決め方は、小学校は学級担任制を前提としているため、中学校や高校と比べて著しく不利で、級外（担任をもたない人）が多く出ない計算式になっています。これでは有給休暇や病休も取りづらく、よほどしんどくなってからしか休まないという人が多くいます（自分が休むと代わりがおらず、自習等になることも多いので）。

では中・高と比べて、小学校の先生がラクかと言えば、まったくそんなことはなく、「どうして雨は降るの？」「どうして分数の割り算は逆さまに掛けるの？」という子どもたちの素朴な疑問に答えていく仕事です。しかも8教科、9教科などの準備。加えて、家庭の貧困問題や発達障がい、外国にルーツのある子等も増えて、福祉的な配慮やきめ細かな教育的支援が必要な子も大勢います。さらには、新採で3日目、4日目から学級担任をする人がほとんどです。

財政制約が厳しいことも承知していますが、小学校の教員定数の決め方は根本から見直すべきだと思っています。

ですが、同時に、とても気になることがあります。国がやってくれないと、と言う人の多くには、「教員数が増えないうちは、学校や市区町村（または都道府県等の）単位では、たいしたことはできない」と思い込んでいるか、あきらめているふしがあります。本書の各章で述べたとおり、そんなことはなく、学校や地域で進めていけることも多いです。絞りきった雑巾のようという気持ちはわかりますし、これまで学校現場にビルド＆ビルドで負担を増やし続けて

197

きた文科省や教育委員会は猛省してほしいと思いますが、主体性も問題解決力もない態度を教師が続けていては、多少教員数が増えても、業務量や残業はたいして減らない事態になるでしょう。

　また、何かしら働き方改革や業務改善に着手しても、いわば、あさっての方向に動いていたり、道に迷ったりしている学校も少なくないことをぼくは見てきました。冒頭で述べた、5つの大まちがいはその典型例です。

　そこで、本書を、働き方改革を進める上での"地図"や"ガイド役"としたいと考え、5つの原則とそれに紐付く具体策を提案しました。この5原則は、特段派手ではないし、読者のみなさんにとっては「当たり前」のことを述べているだけと感じるかもしれません。**しかし、「忙しいのは当たり前」という学校を変えていくためには、「当たり前」に見えることを真面目に着実に進ちょくさせていく**しかないのです。ぜひ各校等においては、「Why 働き方改革？」という理念、目標を十二分に共有したうえで、多忙の内訳を分析して、重点的に取り組むべきことを決め、工程表にするなどして、具体的に落とし込んでほしいと思います。

　本書の内容には、国の審議会や各実践地域・学校で伺ったことや議論したこと、教育関係者らと楽しく飲みながら考えたこと、ぼくの趣味や育児経験などがふんだんに活かされています。紙面の関係上、個人名はあげませんが、たくさんの人のおかげです。今後も進化・深化させたいと思いますので、引き続きよろしくお願いします。

　本書が「忙しいのは当たり前」という学校の慣性の法則へ、挑戦する一助となりますように。

講演で関西に向かう新幹線のなかで　2019年5月

妹尾 昌俊

大好評発売中！

「先生が忙しすぎる」をあきらめない

半径3mからの本気の学校改善

今できる小さな一歩から、"忙しすぎる"学校を変える！

▶ なぜ学校は「多忙」で「長時間労働」なのか？
豊富なデータと学校現場の実態から徹底分析！

▶ 「勤務実態の見える化」「スリム化」「部活動の改善」「外部人材の活用」などの学校改善をどう実現するか、すぐに使える効果的なアイデアが満載！

【著】妹尾 昌俊（学校マネジメントコンサルタント／文部科学省学校業務改善アドバイザー）

A5判／200頁　定価（本体2,000円＋税）

本書の主な内容

第1章　だれが、どのくらい忙しいのか
日本の学校の長時間過密労働の現実／"ブラック"の内訳――先生たちは、いったい、何に忙しいのか／多忙感の現状――忙しすぎる現実を教師たちはどう感じているのか

第2章　忙しいのは、なにが問題か
長時間労働の弊害――"熱心にやっているんだから、いい"では済まない／死と隣り合わせの職場／先生が忙しすぎる現状は、未来の損失

第3章　なぜ忙しいのか、なぜいつまでも改善しないのか
多忙化を加速させた直近10年あまりの変化／①前からやっていることだから／②保護者の期待や生徒確保があるから／③子どもたちのためになるから／④教職員はみんなやっているから／⑤できる人は限られるから／⑥結局、わたしが頑張ればよいから

第4章　本気の学校改善――あきらめる前にできる、半径3mからの実践
まずは勤務実態の見える化、把握から／6つの"神話"を疑ってかかろう／"子どものため"とばかり言うな！／なんでも自前はやめ、過去や全国の実践等からまねて学ぶ／「長く働き一生懸命なのが美徳」をやめる、評価軸を変える／学校改善とイノベーションのヒントは、あなたの半径3m内にある　ほか

---

http://www.kyouiku-kaihatu.co.jp　　教育開発研究所　TEL 03-3815-7041　FAX 0120-462-488

■著者紹介■
妹尾　昌俊（せのお・まさとし）
教育研究家、学校業務改善アドバイザー

京都大学大学院修了後、野村総合研究所を経て、2016年から独立。文部科学省、全国各地の教育委員会・校長会等でも、組織マネジメントや学校改善、業務改善、地域協働等をテーマに研修講師を務めている。学校業務改善アドバイザー（文部科学省委嘱）、中央教育審議会「学校における働き方改革特別部会」委員、スポーツ庁ならびに文化庁「部活動の在り方に関する総合的なガイドライン作成検討会議」委員としても活躍。
主な著書に『「先生が忙しすぎる」をあきらめない』（教育開発研究所）、『変わる学校、変わらない学校』『先生がつぶれる学校、先生がいきる学校』（以上、学事出版）等。

■妹尾昌俊ウェブページ　元気な学校づくりラボ
　http://senoom.jimdo.com/
■ Yahoo! ニュースオーサー
　https://news.yahoo.co.jp/byline/senoomasatoshi/
■ E-mail
　senoom879@gmail.com
■ Twitter
　https://twitter.com/senoo8masatoshi

こうすれば、学校は変わる！
「忙しいのは当たり前」への挑戦
2019年6月10日　第1刷発行

著　者	妹尾　昌俊
発行者	福山　孝弘
発行所	株式会社 教育開発研究所
	〒 113-0033　東京都文京区本郷 2-15-13
	電話　03-3815-7041／FAX　03-3816-2488
	URL　http://www.kyouiku-kaihatu.co.jp
表紙デザイン	長沼 直子
装画	Shutterstock.com
イラスト	大崎メグミ
印刷・製本	中央精版印刷株式会社
編集担当	桜田 雅美

©Senoo Masatoshi, 2019

落丁・乱丁本はお取り替えいたします。定価はカバーに表示してあります。
ISBN978-4-87380-516-7　C3037